칠보문화사

칠보문화사
일본 칠보의 역사를 읽다

2014년 6월 10일 1판 1쇄 발행

지은이　모리 히데토
옮긴이　윤기숙

펴낸이　김현표
주간　최진선
편집　최윤지
디자인　신정민

펴낸곳　**미진사**
주소　경기도 파주시 광인사길 103
전화　031-955-6266
팩스　031-955-6267
이메일　mijinsa@mijinsa.com
홈페이지　www.mijinsa.com
등록번호　제406-2013-000126호

ISBN　978-89-408-0475-9
값　20,000원

칠보문화사

일본 칠보의 역사를 읽다

모리 히데토 지음
윤기숙 옮김

미진사

차례

역자의 말

학교에서 학생들에게 가장 많이 했던 이야기가 꿈과 목표가 있는 생활이었다. 2011년 8월 퇴임사에서도 스스로 세운 목표를 향해 최선을 다하는 사람이 될 것을 다시 한 번 당부하면서, 나는 오늘 그동안 몸담았던 학교생활을 마감하지만, 한편 이제부터 이루고 싶은 두 가지의 꿈을 안고 새롭게 시작하는 날이라고 했다. 일본어를 더 공부해서 좋은 책을 한 권 번역해 보고 칠보를 비롯한 금속 공예를 배우고 싶다고 했다. 학생이 스스로 꿈꾸기 전에 부모의 기대가 앞서가는 요즘, 그래서 별로 능동적이지 않은 학생들에게 이렇게 늙어서 퇴직하는 사람도 꿈이 있음을 예로 든 것이다. 평소 막연하게나마 퇴직하면 이 두 가지를 해 보고 싶다는 생각을 해 온 것은 사실이다. 그러나 학생들 앞에서 말해버렸으니 나에게는 꼭 지켜야 할 숙제가 되고 말았다.

퇴직 후 한국방송통신대학교 일본학과에 편입했다. 4학년이 되면 졸업논문을 준비하는데, 논문대신 50쪽 이상의 일본책을 번역해서 제출해도 된다는 내용이 있었다. 좋은 기회가 아닌가? 연습 삼아 한 번 해보기로 했다. 어떤 책이 좋을까?

퇴임 후 칠보를 배우기 시작했다. 그림이나 서예 등이 차근차근 완성품을 만들어 가는 즐거움이 있다면, 칠보는 유약과 뜨거운 열이 짧은 시간에 빚어 내는 마술과 같은 매력이 있다. 기본적으로 이수해야 할 과정을 모두 끝냈지만 아쉬움이 남아서 『아름다운 빛깔구이 칠보예술(미진사)』의 저자로서 현재 '대한민국칠보기능전승자'인 노용숙(盧鏞淑) 교수님을 찾아갔다. 이 때 논문대용으로 번역해 보라고 추천해 주신 책이 『칠보문화사』였다. 이 책 출간의 시발점이 되어준 고마운 분이시다.

2005년에 도쿄한국학교장으로 파견되어 남편의 고등학교 은사님인 유상희(柳尙熙) 조치(上智)대학교 교수님과 사모님이신 오영원(吳英元) 니쇼가쿠샤(二松學舍)대학 교수님을 뵈었다. 알고 보니 두 분 모두 나의 사범대학교 선배님이셨다. 낯선 도쿄에서 힘들 때마다 정신적으로 얼마나 위안이 되었는지 모른다. 2013년 초여름, 퇴임 후 니쇼가쿠샤대학 명예교수로 활동하시는 오교수님이 문화체육관광부 주최 '세계한국어교육자대회' 참석차 서울에 오셨다. 퇴직 후 칠보에 재미를 붙인 일과 방송대 재학, 『칠보문화사』의 번역이야기 등 퇴직 후의 일상생활을 말씀드렸더니 번역하여 출판을 해 보라고 권하셨다. 바르게 번역하는 것도 어렵거니와 저자와의 연락 등 여러 과정이 쉽지 않을 것 같다고 했더니, 원고 검토와 저자와의 연락 등을 도와주겠다고 하시며 격려하셨다.

어느 날은 한 단어에 막혀 꼬박 하루를 보내기도 했다. 그렇게 2013년 여름을 보낸 끝에 간신히 마무리하여 원고를 보내 드렸다. 수고했다며 반가워하시는 교수님의 국제전화를 받고, 이렇게 기뻐해 줄 수 있는 분이 계시다는 것만으로도 나는 부자라는 생각이 들었다. 10월에 '한일여성친선협회' 일로 다시 서울에 오실 때 일일이 수정하신 원고와 저자 측과의 접촉 결과, 검토에 대한 소감을 요약하여 주셨다. 일처리의 완벽함이 몸에 배신 분이다. 1968년부터 수십 년간 『칠보예술』이라는 작은 월간지를 출간하며 일본 칠보를 이끌던 이 책의 저자 모리 히데토(森秀人) 선생은 2013년 6월에 사망했다고 한다. 그래서 번역 허가 등 모든 것을 저자의 부인과 상의하셨다고 한다. 그 즈음은 내가 번역을 막 시작했을 때

이니 참으로 안타까운 일이다.

그런데 이 책에서 일본에서 가장 오래된 칠보라고 소개한 겐고시즈카고분(牽牛子塚古墳)의 칠보 금구(金具)에 대한 기사를 최근에 접하게 되었다. 상당히 의미 있는 기사이기에 전문(全文)을 소개하면 다음과 같다.

'나라(奈良)현 겐고시즈카고분에서 출토된 칠보 금구는 조선반도제' : 7세기 아스카(飛鳥)시대의 사이메이(斉明)천황의 묘로 생각되는 나라현 아스카무라(明日香村)의 겐고시즈카고분에서 출토된 국내 최고(最古)의 칠보 장식 금구가 성분 분석 결과, 조선반도제일 가능성이 높은 것으로 판명된다고 아스카무라 교위(教委)가 24일 발표했다. 칠보 장식 금구는 쇼와52년(1977년)에 출토되었다. 나라문화재연구소의 후리하타 준코(降幡順子) 주임연구원(보존과학)이 유약에 함유된 납의 동위체성분을 분석하여 조선반도의 청동기 등의 성분과 비슷한 것을 확인했다. 후리하타 주임연구원은「이런 정도의 정교한 물건은 당시 일본에서 만드는 것은 불가능하다. 수입되었든가, 조선의 기술자가 원료를 갖고 들어와 만들었을 가능성이 있다」고 한다. 일본서기에 의하면 사이메이 천황 재위 중인 660년은 백제가 당과 신라에 망한 해이며, 사이메이 천황은 백제를 위해 무기와 선박의 제조를 명하고, 자신도 전쟁을 대비해 북규슈로 이동했으나 원정군 출발 전에 사망했다고 한다. 663년에 당·신라의 연합군과 왜국·백제의 연합군의 싸움에서 왜국·백제측이 패했다. 아스카시대에 밝은 기노시타 마사시(木下正史) 도쿄가쿠게이다이(東京学芸大) 명예교수(고고학)는「과학적 시각의 성과이고 부장품(副葬品)으로 추정할 수 있으며, 백제 문화의 계보를 이어받은 일급품으로 당시의 국제 교류를 나타내고 있다」고 했다. 〈2013년 5월 24일자 일본 산케이(産經)신문〉

저자는 이 책에서 히라타 도닌(平田道仁)이 조선인으로부터 칠보를 배웠다는 것은 일본칠보 역사와 능력으로 볼 때 사실과 다를 것이라고 했다. 그러나 구리하라 노부미쓰(栗原信充)가 쓴 『잔코후랴쿠(鏨工譜略)』에는 히라타 도닌이 게이초(慶長) 연간(1596~1614)에 조선인으로부터 칠보를 배웠다는 기록이 있고, 현재 일본에서는 이 사실을 그대로 인용하고 있는 경우가 많다. 실제로 히라타 도닌의 작품으로 추정되는 작품은 그때까지의 일본 칠보보다 투명도가 높은 유약을 사용한 것으로 보인다.

산케이신문의 기사와 구리하라 노부미쓰의 저서 등 일본의 자료를 보면, 우리는 이미 7세기에 귀갑형칠보금구라는 칠보 작품을 만들었고, 1596~1614년에는 히라타 도닌이 배울 정도의 칠보 제작 능력도 있었다는 것이다. 나는 칠보를 시작한지 얼마 안 돼서 우리나라 칠보관련 역사나 현재 상황을 잘 모른다. 다만 이 책을 번역하며 느낀 점은 미술품에 대한 애정과 보존에 최선을 다하는 일본 국민들의 자세에 배워야 할 점이 많다는 것이다. 개인들은 물론이거니와 국가와 지방자치단체들도 모두 문화재 보호와 육성에 최선을 다하는 모습과 칠보미술관 등 칠보에 대한 역사적 축적이 상당히 깊다고 생각했다.

현재는 일본이 칠보를 장신구에 많이 활용하고 있지만, 메이지시대까지는 그릇이나 향로 등의 생활용구, 화병 등의 장식품, 문의 손잡이(引手)나 구기카쿠시(釘隱) 등의 건축 금구에 주로 사용했다. 그리고 메이지 초기까지 사용되다가 투명 칠보가 등장하면서 사라진 도로(泥, 니)칠보라는 것이 있었는데, 헤세 4년(1992년)에 일본문화청의 의뢰로 칠보 작가들이 기법을 재현해냈다. 이 책에도 몇 번 언급되고 우리나라에는 없는 것이라서 일본의 도로 칠보 전문 작가를 방문하여 배워 보았다. 역시 유약의 성분과 조합, 작품 제작 과정, 외관 등이 유리 소재의 칠보에서는 볼 수 없는 독특한 매력이 있는 것이었다.

저자의 사망으로 사진 원본 자료의 협조와 번역하며 가졌던 의문에 대해 의견을 나눌 수 없는 것이 아쉬웠다. 특히 이 책의 출간(1982년) 이후 30여 년간의 일본 칠보 동향을 소개할 수 없어서 답답했는데, 미흡하지만 인터넷을 통해 궁금한 내용을 어느 정도는 해소할 수 있었다. 독자들의 이해를 돕기 위해서 '부록'으로 첨부하였는데, 그 내용에 오류가 있을 수도 있으므로 미리 양해를 구하는 바이다. 인명, 지명 등의 고유명사 및 우리 사전에 없는 단어는 대부분 일본어로 표기하되, '국립국어원표기법'에 따랐으며, 가능한 원문대로 번역하고 이해가 어려운 부분은 번호를 부여하여 매 장(章)의 말미에 보충 설명을 하였다.

이 책이 출간되도록 지지와 협조를 해 주신 분들께 감사드린다. 처음 이 책을 소개하고 일본 칠보 용어의 번역을 함께 고민하며 검토해 주신 노용숙 교수님, 출간을 권유하고 저자 측과의 연락은 물론 원고를 다듬는 데 도움을 주신 오영원 교수님, 저자를 대리하여 번역을 허락해 준 모리 쿠사코(森草子) 여사, 일본어 표기와 문장을 검토해 주신 전 도쿄한국학교 송영자(宋英子) 교감 선생님과 이 책을 출간해 주신 미진사 관계자에게 감사드린다.

황금유리전배십이릉경(黃金瑠璃鈿背十二稜鏡) • 쇼소인(正倉院) 유물

칠보 기쿠스이 문양 오목손잡이(七宝菊水文引手) • 도쿄국립박물관 소장

꽃과 구름 모양 칠보 칼코등이(花雲形七宝鐔) • 히라타 도닌(平田道仁) 작품(추정), 요시이 타다나오(吉井忠直) 소장, 중요문화재

눈꽃 문양 칠보 칼코등이(雪華文七宝鐔) • 히라타 하루히로(平田春寛) 작품, 도쿄국립박물관 소장

은태 칠보 화병 • 가와구치 분자에몬(川口文左衛門) 작품, 하야시 고덴지(林小伝治) 소장

가고시마 무용도 접시(鹿島踊図皿) • 바그너(Gotfried Wagner) 작품, 교토국립 박물관 소장

꽃과 새 그림의 벽장식(花鳥図壁飾) • 나미카와 소스케(濤川惣助) 작품, 영빈관(迎賓館) 소장

대나무와 참새 그림 화병(竹に雀瓶) • 다케우치 추베에((竹内忠兵衛) 작품, 도쿄 국립박물관 소장

사계절 꽃과 새 그림 화병(四季花鳥図花瓶) • 나미카와 야스유키(並河 靖之) 작품, 궁내청 소장

무악* 그림 칠보 화병(舞樂図七宝花瓶) • 나미카와 야스유키(並河 靖之) 작품, 궁내청 소장

* 무악(舞樂) : 궁중무(宮中舞)에 맞추어 연주하는 아악(雅樂)

제1장

칠보의 기원

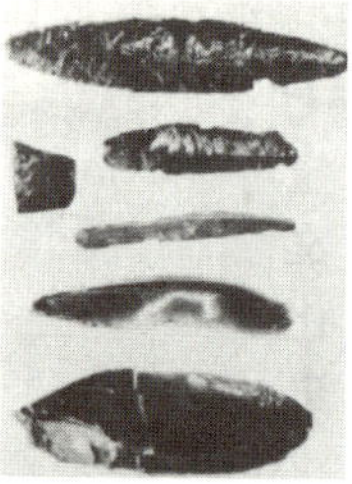

[왼쪽] 도카치이시[1]로 만든 석기(石器)
[가운데] 유리로 만든 곡옥
[오른쪽] 곡옥의 주형 • 곡옥의 주형과 그 주형에서 만든 곡옥이 동시에 출토된 예이다.

일본의 칠보 제작 인구는 약 30만 명(1982년도 기준)이라고 하며 세계 최대라고 자랑하고 있다. 유럽이나 미국에서 귀빈이 오면 귀국 선물은 으레 칠보 제품이다. 일본의 최고 수뇌가 외국을 방문할 때의 선물도 또한 대개 칠보 제품이다.

이렇게 칠보는 일본을 대표하는 공예품으로 여겨지지만, 일본 공예계 안에서는 일반적으로 중요시되지 않고 있다. 일본미술전람회를 비롯한 공모전 등에서도 칠보는 독립부분으로 되어 있지 않고, 많은 공예 분야의 역사가 연구되고 있는 데 반해 칠보는 외면 당하고 있다.

칠보에 대한 이와 같은 기묘한 태도는 어디에서 유래한 것일까. 나는 일본에서 칠보의 위치를 확립하기 위하여 그 역사를 거슬러 올라가 일본 칠보의 전개 과정을 살펴보고, 아울러 거기서 현대의 일본 칠보가 더듬어가야 할 길을 생각해 보고 싶다는 구상을 하기에 이르렀다.

그러나 칠보의 역사를 더듬는다는 것은 말하기는 쉬워도 행하기는 매우 어렵다. 칠보는 소지(素地, 바탕재료)[2]에 유리질의 유약을 올린 후에 높은 온도에서 굽는 복합 미술공예품이라는 특성 때문에 때로는 유리(glass)의 역사와 밀착하고 때로는 금속기의 역사와 연관된다. 또한 요업으로서 도기의 역사와도 관련된다. 이러한 복합성 때문에 칠보의 역사, 특히 고대사의 해명은 어렵다.

다행히도 나는 일본 고대 청동기를 오랫동안 연구해 왔고, 그 일부를 『묻혀있던 동탁(銅鐸) 기노쿠니야서점(紀伊國屋書店)』에 쓴 적이 있으며, 근래에는 『고대사 논쟁 아사히(朝日)신문사』을 출판하였다. 녹인 쇠붙이를 거푸집에 부어 물건을 만드는 주조(鑄造) 역사를 중심으로 연구하고 있고 고대사학자 친구도 많다. 그 친구들로부터도 협력을 받아 이 어려운 칠보의 역사에 몰두하게 되었다.

일본의 금속 문화를 고찰하는 데에는 크게 두 개의 입장이 있다. 하나는 일본 민족의 후진성을 강조하는 입장이고, 또 하나는 일본 민족의 진보성을 강조하는 입장이다. 후진성을 강조하는 예가 바로 동탁이다. 동탁은 야요이시대에 청동제로 많이 만들어 제례 등에 사용한 종(鐘)이다. 메이지시대의 고고학자들은 이 시대에 이렇게 훌륭한 청동기를 일본 민족이 제작했을 리가 없다고 단정하고, 동탁은 중국이나 조선에서 수입되었다는 설을 세웠다.

쇼와시대에 이르러 돌로 만든 동탁의 주형이 발견됨으로써 일본에서 만들어진 것이 확인되었지만, 그래도 그 원료가 되는 동(銅)은 중국이나 조선에서 수입되었다고 하는 설을 대부분의 학자가 채택하고 있다. 그에 대해서 필자는 일찍이 일본이 세계 제일의 동 생산국이었던 사실을 기초로 동탁 원료의 일본산을 주장하였는데, 근년에 서서히 동탁의 원료가 되는 동광(銅鑛) 자원을 고대에 일본에서 발굴·정련하였다는 입장을 취하는 학자가 늘어가고 있다.

일본에서 가장 오래된 토기는 기원전 1만 년경까지도 거슬러 올라가는 것으로 확인되었는데, 이는 세계에서도 드물 정도로 오래된 것이다. 물론 초벌구이의 토기이지만 일본 민족의 요업 역사가 대단히 오래됐다는 것을 이로써 이해할 수 있으며, 갑자기 동탁과 같은 금속 요업이 꽃핀 것은 아니었다.

일본의 시대 구분

<table>
<tr><td>구석기</td><td>수 십 만~조몬시대 전</td><td rowspan="2">무로마치(室町)</td><td>난보쿠초(南北朝)</td><td>1336~1392</td></tr>
<tr><td>조몬(縄文)</td><td>약 12000년 전~기원전 3세기</td><td>센고쿠(戦国)</td><td>1493~1573</td></tr>
<tr><td>야요이(弥生)</td><td>기원전 3세기~기원후 3세기</td><td colspan="2">아즈치모모야마(安土桃山)</td><td>1573~1603</td></tr>
<tr><td>고훈(古墳)</td><td>3세기 후반~8세기 초</td><td colspan="2">에도(江戸)</td><td>1603~1868</td></tr>
<tr><td>아스카(飛鳥)</td><td>6세기 말~710</td><td colspan="2">메이지(明治)</td><td>1868~1912</td></tr>
<tr><td>나라(奈良)</td><td>710~794</td><td colspan="2">다이쇼(大正)</td><td>1912~1926</td></tr>
<tr><td>헤이안(平安)</td><td>794~1185</td><td colspan="2">쇼와(昭和)</td><td>1926~1989</td></tr>
<tr><td>가마쿠라(鎌倉)</td><td>1185~1335</td><td colspan="2">헤세(平成)</td><td>1989~</td></tr>
</table>

칠보도 가마에서 구워 내는 것이므로 요업의 일종이다. 그렇다면 일본 요업의 하나로서의 칠보라는 연구의 입장이 필요하게 될 것이다.

토기(土器)는 조몬시대에 만들어진 조몬토기[3]가 수천 년에 걸쳐 구워지다가 기원전 2세기경부터 야요이토기[4]가 출현했고, 이어서 4세기경부터 하지키(土師器)[5]가 출현했다. 하지키는 고훈시대와 동시에 개발되었는데, 이어서 토기로서는 최고의 온도가 가해지는 스에키(須恵器)[6]가 출현함으로써 토기의 역사는 종식되고 도자기(陶磁器) 시대에 돌입하였다.

유리는 천연유리로서 지구상에 존재하는데, 해안의 모래 중에 적색, 녹색, 황색 등의 아름다운 투명 모래가 모두 화산암 중의 천연유리이다. 고대 사람들은 사냥용 화살 끝에 끼우는 화살촉에 천연유리를 사용하였는데, 그것이 유명한 흑요석(黑耀石)이다.

흑요석은 거무스름한 반투명의 돌인데 파리(玻璃, 수정 또는 유리)와 같이 광택이 풍부하고 깨뜨리면 조가비꼴의 단면을 보인다. 흐르듯이 움직이는 무늬가 있어서 유문암질(流紋岩質)로 불리며, 지금도 도장을 만드는 인재(印材), 종이가 날아가지 않도록 누르는 문진(文鎭), 벼루 등에 사용되고 있다. 조몬시대 간토(關東) 지역에서는 나가노현(長野縣) 스와(諏訪)의 와다(和田)고개, 시즈오카현(靜岡縣) 아마기산(天城山) 지역이 손꼽히는 산지였다.

5천 년 전의 조몬토기

대체로 유리는 천연이든 인공이든 깨진 부위가 조가비꼴처럼 되는 특징이 있다.

그렇다면 인공유리는 일본에서 언제부터 사용된 것일까. 우선 일본 특유의 장식 구슬인 곡옥(曲玉, 구옥(勾玉)이라고도 함)이 있다. 곡옥은 악령을 쫓는다는 효능을 인정받아 야요이시대부터 제작되었다. 처음에는 경옥(硬玉)이나 마노(瑪瑙) 같은 귀한 돌로 만들어졌다. 곡옥을 갈았던 숫돌도 발견되고 있다. 제작 초기로부터 얼마 되지 않아 유리로 된 곡옥이 출현했는데, 이것도 그 주형이 함께 발견되었으므로 일본산이라는 것이 증명되었다.

고훈시대 장식품의 색채와 그 애용의 변천사가 연구되고 있는데, 최초에는 녹색, 이어서 마노색이나 호박색 등이 출현하였다. 이후 장식품에 대한 취향이 다양하게 되면서, 유리의 이용은 더욱더 많아져서 황(黃), 녹(綠), 적갈(赤葛), 자감(紫紺) 등의 색유리 장식품이 생산되었다.

처음에는 납유리[7]가 주류였으나 얼마 되지 않아 소다유리[8]도 많아졌다. 금속기로서는 청동기가 압도적이었는데, 동탁 외에 칼이나 창 등의 도구 또는 팔찌 등의 장식품도 많고, 철기도 고훈시대와 함께 많아졌다. 중요한 것은 상감 기술이다. 고훈시대에 이미 도검의 칼코등이(鐔)[9]에 금은을 상감하는 것이 유행했는데, 일본에서 금속에 상감하는 재료로 칠보가 사용되었다는 역사도 여기에서 유래할 것이다. 이렇게 오랜 요업의 역사 속에서 처음으로 일본 칠보가 탄생한 것이다.

실크로드의 항로

험난한 실크로드

아시아에서 칠보의 역사를 생각할 때 중국의 공예사를 잊어서는 안 된다. 중국에서는 기원전 수 세기경부터 청동기 문화가 이상하게 발달하여, 청동기가 아니고는 밤도 밝아지지 않는다고 할 정도의 민족성을 분명히 나타냈다. 그런데 전국(戰國)시대[10]에 재미있는 청동기가 출현했다. 그것은 유리를 상감한 청동기인데, 동으로 된 거울(銅鏡)이나 물 끓이는 주전자(銅壺) 등에 미리 오목하게 골을 파놓고 거기에 판(板) 모양의 유리를 상감한 것이었다.

접착제를 사용하지 않는다면 유리는 떨어져 나가 버린다. 그래서 중국인들은 유리 조각과 청동기 사이에 유리 분말을 페이스트(paste) 상태로 만들어 채워 넣고 약 600℃에서 구웠다. 이 기법은 오늘날 일본 칠보가가 고온성 유리 파편을 저온에 녹는 유약으로 고착 소성하는 기법과 아주 똑같다.

중국에서는 일반적으로 톤보옥(inlaid beads)[11]이라 불리는 채색 유리를

쇼소인(正倉院)[12]의 컷 글라스(cut glass)

쇼소인(正倉院)의 컵

이용하였는데, 이것은 긴타로아메(金太郎飴)[13]처럼 단면을 자르면 같은 모양이 나오는 유리봉으로 청동기에 사용하기에 아주 알맞다. 이제 여기부터 칠보의 발상은 종이 한 장 차이였다. 중국에서는 청동기 문명의 파국적인 붕괴와 동시에 도자기가 융성하여 '차이나라 하면 도자기를 가리킨다'고 할 정도로 민족 공예가 되었고 칠보의 발달은 매우 늦어버렸다.

그에 반해 일본에서는 야요이시대 말기에 청동기 문화가 종식되면서 대신에 철기 문화가 융성하였고, 이 철기를 장식하는 것으로 상감 기법이 발달했다. 주로 철기에 상감한 것은 금과 은이었으나 이미 유리의 제법을 알고 있던 일본의 세공인들은 마침내 중국을 앞질러 칠보를 독자적으로 개발하였다.

이것이 유명한 나라현(奈良縣) 겐고시즈카고분(牽牛子塚古墳)[14]에서 출토된, 거북이 등과 같은 육각형 모양의 칠보 장식인 귀갑형칠보금구(龜甲形七宝金具)다. 이것을 많은 연구가들은 수입품이라고 하고 있으나, 이미 야요이시대에 독자적인 주조법으로 유리 곡옥을 만들었던 일본 세공인에게 이 정도의 칠보 금구를 구워 내는 것은 그다지 어려운 일이 아니었을 것이다. 일본에서 유리 곡옥을 만들고부터 수백 년 후의 후기 고훈시대,

일본에서 가장 오래된 귀갑형 칠보 금구(金具)

그것도 금은 상감 기법이 완성된 후의 시대 작품이기 때문에 나는 이것을 일본산이라고 생각하는 것이다.

1 도카치이시(十勝石): 홋카이도(北海道) 도카치(十勝) 지방에서 나오는 흑요석(obsidian)을 홋카이도 사람들이 부르는 이름

2 소지(素地): 칠보의 바탕재료인 소지로는 동이나 은 등의 금속을 사용하며 유리나 도기 등도 활용한다.

3 조몬토기: 낮은 온도에서 구운 흑갈색이나 적갈색의 새끼줄무늬가 있는 토기로 시기나 지역에 따라 형식의 차이가 크다.

4 야요이토기: 조몬토기보다 밝은 갈색으로 얇고 단단한 애벌구이 토기이다.

5 하지키(土師器): 저온(600~800℃)에서 유약을 바르지 않고 구운 적갈색의 질그릇이며 고훈시대에서 나라, 헤이안시대까지 생산되었다.

6 스에키(須惠器): 고온(1100~1200℃)에서 구운 단단한 청회색 도자기질의 토기로 고훈시대에서 헤이안시대에 걸쳐 생산되었다. 5세기에 한국의 남부에서 전해진 것이며(가야토기가 원류) 하지키는 주로 허드렛일에, 스에키는 식기로 사용되었다.

7 납유리: 일산화납을 함유한 유리이다. 굴절률과 분산성이 높고 부드러우며 광택이 아름다워 크리스털, 모조 보석, 장식품 외에 광학 유리나 방사선 차폐 유리(전기, 자기, 방사선 따위가 바깥으로 영향을 미치지 않도록 차단하는 유리) 등으로 쓰인다.

8 소다유리: 이산화규소, 산화나트륨, 산화칼슘을 7 : 2 : 1의 비율로 섞어 만든 실용적인 유리이다. 충격에 약하며 유리창, 유리병 등을 만드는 데 사용된다.

9 칼코등이(鐔): 도검의 자루와 칼날의 경계에서 칼 잡는 손을 방어하고 상대의 칼을 막는 역할을 한다. 일본에서는 쓰바(つば), 서양에서는 가드(guard)라고 부른다.

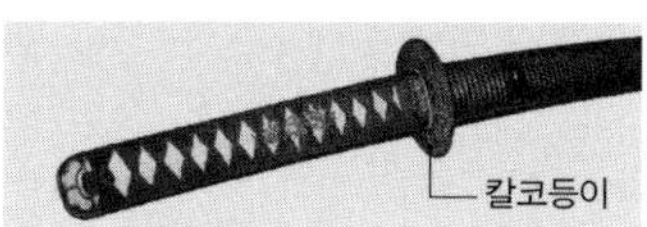

10 전국(戰國)시대: 춘추(春秋)시대의 진(晉)나라가 한, 위, 조의 세 나라로 나뉜 기원전 403년부터 진(秦)의 시황제(始皇帝)가 중국을 통일한 기원전 221년까지를 가리킨다.

11 톤보옥(inlaid beads): 상감옥(象嵌玉)이라고도 하며 녹색, 갈색, 청색 등의 색유리에 다른 색유리를 입히거나 붙여서 동심원 등의 무늬를 나타낸 것이다.

12 쇼소인(正倉院): 왕실 전용 유물 창고이다. 나라시(奈良市) 도다이지(東大寺) 북서쪽에 위치해 있으며, 덴표시대(710~794)에 지어진 목조 건축으로 일본을 비롯한 페르시아 및 아시아 각지의 미술품을 소장하고 있다. 현재는 궁내청에서 관리하고 있다.

13 긴타로아메(金太郎飴): 어느 부위를 잘라도 단면에 헤이안시대 사카다 긴토끼(坂田金時)라는 영웅의 어린 시절 얼굴 모양이 나타나도록 만든 사탕이나 가락엿. 긴타로(金太郎)는 사카다 긴토끼의 어릴 때 이름이다.

14 겐고시즈카고분(牽牛子塚古墳): 나라현(奈良縣) 다카이치군(高市郡) 아스카무라(明日香村)에 있는 7세기 말 고분이다. 당시 황족 능의 특징인 팔각형으로 아스카시대(아스카(飛鳥)가 도읍이었던 593년부터 694년까지의 약 102년간을 지칭)의 여제(女帝)인 사이메이(斉明) 천황의 능으로 추정한다.

제2장

고대의 유리 제조 기술

칠보를 굽는 사람의 상(七宝焼師像)・안도(安藤) 칠보점의 「싯포야키(七宝焼)」에서

흑요석 석기・천연유리는 수만 년 전 석기 시대의 주역이었다.

조몬 중기(中期)의 애벌구이 토기・약 1만 년 이상의 일본 요업 역사의 축적이 청동기나 유리 그릇, 칠보에 연결돼 있다.

귀갑형칠보금구는 쇼와 52년(1977년) 10월에 산토리미술관에 의해 「일본 칠보전」에 전시되고부터 많은 칠보 관계자가 견학하고 있다. 미술관에서 발행한 해설서에 따르면 귀갑형칠보금구는 「백색 불투명 유약을 칠한 거북등 모양의 바탕에 꽃잎 6개를 붙이고 여기에 호박색 투명 유약을 올린 작은 금구로 이들 칠보는 유약을 올려 가마에서 구운 것이 아니고, 가느다란 유리봉을 가열해 녹인 유리를 바탕에 재빨리 달궈 붙인 것으로 원시적인 칠보 기법을 이해하는 데 도움이 되는 귀중한 유품이다」라고 쓰여 있다.

그러나 그런 작업이 실제로는 전혀 불가능하다는 것은 칠보를 하는 사람이라면 누구나 알 수 있을 것이다. 유리봉을 녹일 정도로 가열했다면 뜨거워서 그것을 손으로 잡을 수도 없으며, 이렇게 녹인 유리는 차가운 금속 소지와는 녹아 붙지도 않는다. 만약 금속을 가열했다면 산화해서 유리를 겉돌게 해버릴 것도 분명하다.

이런 점에서 이 귀갑형칠보금구는 얇은 유리를 유리 가루 반죽으로 채워 넣고 구웠든지 또는 유리 가루 반죽만으로 구웠을 것이다. 일본의 고대 유리 역사의 흐름에서 생각했을 때, 유리 분말을 페이스트(paste) 상태로 만들어 이용하였을 것이다. 그렇다면 이것은 오늘날의 칠보와 정말로 동일한 공정이며 일본 칠보 역사의 한 페이지를 기록할 수 있을 것이다. 여기에서 문제가 되는 것은 야요이시대부터 시작된 일본 유리 공예의 원재료에 관한 것이다.

유리 연구가 요시미즈 쓰네오(由水常雄, 1936~)[1]는 그의 저서 『유리공예(플랜출판)』에서 다음과 같이 서술하고 있다.

「야요이시대부터 고훈시대에 일본에서 유리가 만들어졌을까 하는 문제에 대해서는 간단하게 해답을 낼 수 없지만, 적어도 곡옥의 주형이 규슈(九州)의 야요이시대의 유적에서 출토되고 있다는 점에서 추측해 보면, 옥이나 곡옥의 성형이 이루어지고 있었다는 것은 분명하다. 그러나 소재 자체도 만들었는지, 요컨대 석분(규사)에 소다회나 목회(탄산나트륨이나 탄산칼리) 등을 넣거나 연단(산화연)이나 바륨을 넣은 후 가마에서 용해하여 유리를 만들었을까는 매우 의문이다. 어쩌면 유리 덩어리 모양의 작은 판이나 작은 봉 형태의 원료가 들어와서 그것을 용해하여 옥이나 곡옥을 만들었던 것은 아닐까 생각한다」

요컨대 요시미즈 쓰네오는 일본 같은 고대 후진국에서는 유리처럼 어려운 화학적 산물은 생산할 수 없었을 것이고, 기껏해야 다른 나라에서 수입된 기성 유리를 고쳐 만드는 정도였을 것이라는 결론에 이르게 한다. 이는 청동기 논쟁에서 일본 같은 후진국이 그런 훌륭한 청동기를 원료부터 만들 수 있을 리가 없다고 주장한 고고학계의 의견과 유사하다. 확실히 이 시대에 유리를 그 원료부터 만들었다고 하는 증거는 없다. 그런데 유리보다 훨씬 어려운 청동기의 주조를 일본인은 기원전부터 성공시켰다. 주석, 아연, 몰리브덴, 동의 합금인 일본의 청동기는 화학적으로도 훌륭한 합격품이었다.

조몬시대의 토우(土偶) • 생각하는 사람

곡옥의 주형 • 사암제(砂岩製) 곡옥의 주형이다. 이 시대부터 일본인은 주형을 이용해 유리 제품을 만들기 시작했다.

더구나 그것에 비교하면 장식용 유리옥을 만드는 것은 결코 어려운 일이 아니었을 것이다. 첫째, 유리로 된 곡옥의 주형은 규슈뿐만 아니라 곡옥이 출토되는 많은 장소에서 발견되고 있다. 본인도 나가노현 스와의 스와고고학연구소에서 실제로 보았는데, 야요이시대 유적에서 출토된 그 곡옥의 주형은 다른 종류의 유리 제품이 출토되지 않은 유적에서 출토되고 있다.

기원전 2세기경에 만들어진 동탁의 주석과 동의 혼합 비율이 학문적이라고 말해도 좋을 정도로 정확했다는 것이 확인되고 있는 점에서 볼 때도, 야요이시대에 일본이 납유리나 소다유리를 그 원료부터 만들었다는 것은 의심의 여지가 없다. 그것은 아마 대륙에서 온 도래인(渡來人)[2]들로부터 기술을 배운 성과일 것이다. 그런 기술을 받아들일 수 있었던 것은 청동기의 소성 기술이었다고 생각한다. 동탁은 400여 년이나 계속 구워졌다.

투탕카멘(BC 1333~1323 재위) 황금 마스크 • 눈썹과 눈의 윤곽선이 칠보로 되어 있다.

고대 일본의 기술 전파 추세가 빠른 것은 조몬토기나 야요이토기의 유행 속도를 보아도 알 수 있듯이, 중국이나 조선에서 들어온 동의 주조나 유리 주조 기술은 순식간에 퍼졌을 것이다. 그것은 일본 열도에 수천 년에 걸친 요업의 역사가 존재한 결과라고 말할 수 있으리라.

옵시디안(obsidian, 흑요석)이라고 불리는 화산암의 천연유리 외에도 천연의 석영유리의 존재가 보고되고 있다. 규석이 많은 부분이 낙뢰에 의해 소라 모양의 석영유리로 되거나, 마그마 열로 바라이트(barite)[3]라고 불리는 경석(硬石)이 되거나 한다. 혹은 운석(隕石) 중에 포함된 규석이 공중에서 고온을 받아 텍타이트(tektite)[4]라는 천연유리를 형성하기도 한다고 한다.

인공유리 발명의 전설로 유명한 것이 로마학자 플리니우스(Pliny the Elder, AD23~79)[5]의 기원설이다. 옛날 페니키아의 상인이 어느 하구 가까운 해안에서 취사를 하려고 했다. 그러나 주위는 백사(규석)뿐이고 가마가 될 만한 돌이 없었다. 돌 대신 상품(商品)으로 가지고 있던 초석(칼리) 덩어리를 겹쳐 쌓아 놓고 불을 붙였다. 뒷정리를 하고 있는데 반짝반짝 빛나는 것이 있었다. 그것이 유리의 기원이다. 이 이야기가 사실인지는 모르지만, 어찌되었든 독일에서의 유리는 삼림(森林) 유리로 불리고 있다. 독일에서는 전나무나 너도밤나무의 재에서 탄산칼륨을 추출하고 거기서 알칼리를 만들어 유리에 이용했기 때문이다.

칠보 원료로서의 유리 역사를 생각할 경우 유의하지 않으면 안 되는 것은 유럽이나 서아시아에 비해 중국의 유리 역사가 대단히 짧다고 하는

일본의 자랑인 동탁

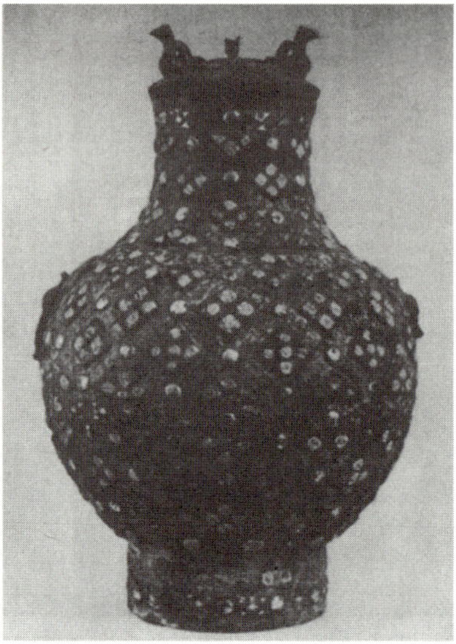

유리 상감 청동기(중국제)

사실이다. 그 차이는 약 천 년이라고 한다. 덧붙여 말하면 중국의 고대 유리의 대부분이 크리스털유리(납유리)였던데 비해 유럽이나 서아시아의 것은 소다유리라고 하는 것도 중요하다.

앞에서도 말한 것처럼 중국은 청동기가 이상하게 발달하였고 그 청동기를 장식하는 수단으로 유리를 이용했다. 유리 상감 기법은 중국에서 유럽으로 전파되었고 유럽인은 기독교의 각종 금속제 성구(聖具)에 유리판과 유리옥을 상감했다.

그것이 중세 초부터 유행한 칠보 금구로 바뀌었고, 곧바로 기독교 성구의 총칭을 '에마이유(émail)[6]'라고 부르게 되었다는 것은 재미있는 사실이다. 이 기법을 유럽인은 '샹르베(Champlevé)[7]'라고 부른다. 샹르베란 말 발굽의 발자국으로 요컨대 움푹 들어간 부분이란 뜻이다.

유리 상감 백동 거울(중국제)

이 오목부분(凹)에 유리 가루를 넣어서 구웠기 때문에 샹르베라고 한다. 일본의 배지(badge)식 칠보도 샹르베 기법이다. 일본에서 유리, 즉 칠보의 역사를 생각할 때 특히 소중한 것은 대륙의 높은 문화를 그대로 받아들이지는 않았다는 점이다.

청동기 문화도 그랬지만 도검을 받아들일 때도 그 형태에 독자적인 고안과 사상을 더해서 의례용 검(祭劍)을 만들었다. 또 중국 고대의 청동 악기를 받아들임에 있어서도 단연코 대륙에는 없는 동탁을 만들어 냈다.

기술은 배우지만 정신까지도 모방하지는 않는다는 민족적 자질은 오랜 조몬시대를 통해서 열도에 길러진 것으로, 소위 오쿠니누시노미코토(大國主命)[8]로 상징되는 야요이시대에 완성된 것이다.

동탁의 분석 결과 동탁의 원료 합금 비율이 중국의 고대 문헌 그대로의 정확한 합금 비율이라는 것은 놀랍다. 이는 이 시대에 중국 문헌이 도입되어 누군가가 그에 따라 동탁을 만들었다는 것을 의미한다.

중국의 고대 유리 제조에 관한 책으로는 후한(後漢)시대 왕충(王充)이 지은 『룬헝(論衡)[9]』이나 삼국(三國)시대 모전(万震)의 『난저우이우즈(南州異物誌)[10]』 등이 있다. 이런 지식들이 인간과 함께 늘 일본에 깊숙이 파고들어 왔다. 그러나 일본 최초 유리 제품이 일본의 독자적인 주술적(呪術的) 장식품인 곡옥이었던 것처럼 일본은 그것을 일본화해서 받아들였던 것이다.

1 요시미즈 쓰네오(由水常雄,1936~): 프라하 대학에서 유리공예사와 동서미술교섭사를 전공한 역사 연구가이자 유리 공예가로서 쇼소인의 유리 그릇을 실험고고학적 방법으로 복원하여 유래를 추정하였다. 삼한시대에 신라의 유리 그릇만 이질적인 요소를 보이며, 중국보다 로마 유리의 영향이 강하게 보이는 것에 주목하여, 신라 문화가 로마 문화의 강한 영향 아래 있었다는 가설을 제창하고, 2001년『로마문화왕국-신라』를 발행했는데, 논평가인 다치바나 다카시(立花隆)는 이를 높게 평가하여 한국에 소개, 한국어판도 출판되었다.

2 도래인(渡來人): 4~7세기경에 한국이나 중국에서 일본으로 이주해 온 사람을 말한다.

3 바라이트(barite): 황산바륨으로 된 광물로 중정석(重晶石)이라고도 한다.

4 텍타이트(tektite): 운석의 충돌에 의해 형성된 작고 검은 유리질 조각으로 구성된 광물

5 플리니우스(Pliny the Elder, AD23~79): 고대 로마의 박물학자, 역사학자, 작가로 폼페이 베스비오스화산 폭발을 관찰하던 중에 연기에 쓰러져 사망했다고 전해진다.

6 에마이유(émail): 금속에 유리 유약을 녹여 붙이는 복합 공예로 칠보에 해당하는 불어이며, 영어로는 에나멜이라 한다. 투탕카멘의 보물 등 고대 이집트에서 시작되어 비잔틴제국시대에 다듬어졌고, 11~12세기에 모잔 지방이나 리모쥬를 중심으로 성구(聖具) 제작에 이용되었다.

7 샹르베(Champlevé): 금속판에 골이나 구멍을 내고 유리질의 칠보 유약을 채워 넣는 것을 말하는데 도려낸 부분 사이의 튀어나온 금속선이 디자인의 윤곽을 이룬다. 이와 비슷한 기법이지만 금속 선의 넓이가 매우 불규칙한 클로아조네(cloisonné, 유선 칠보 세공)와는 구별된다. 로마시대 서부 유럽에 살던 켈트족의 예술 등에서 눈에 띈다. 특히 11세기 말~12세기에 걸쳐 쾰른 근처 라인강 계곡과 벨기에의 뫼즈강 계곡을 중심으로 활발하게 제작되었다. 잘 알려진 것 중에는 리에주(지금의 벨기에) 스타블로의 베네딕투스회 수도원을 중심으로 한 모산파(11~12세기에 꽃피운 사본 채식(寫本彩飾), 금속 세공, 에나멜 세공 등의 지역적 로마네스크 양식)의 것이 있다. 유명한 세공가로는 12~13세기 초에 쾰른에서 활약한 베르뎅의 니콜라스와 1130~1150년경에 스타블로에서 활동한 고드프루아 드 클레르가 있다.

8 오쿠니누시노미코토(大國主命): 고사기(古事記), 일본서기(日本書記)에 나오는 신(神)으로 일본 신화에서 신도(神道)의 이즈모(出雲) 계통 종파의 조신(祖神)이다. 현대 일본의 민간신앙에서 오쿠니누시(大國主)는 질병을 고쳐주고 농업과 행복한 결혼을 하게 하는 국조신(國造神), 농업신, 상업신, 의료신 등으로 숭배되고 있다.

9 룬헝(論衡): 한나라 왕총(王充)이 쓴 85편으로 구성된 사상서이다. 당시의 철학 문제(자연관·지식론·인성론·운명론·정치 사상)를 모두 포함하여 독창적인 이론을 전개하였다.

10 난저우이우즈(南州異物志): 삼국시대 오나라의 모전(万震)이 난저우(南州) 지방의 지리와 교역에 관해 쓴 책

제 3 장

칠보 기술의 추리

싯포 문양(七宝紋)

요쓰싯포(四七宝) 문양 1

일본에서 언제부터 '싯포야키(七宝燒)'라고 하는 말이 사용되었는지는 문헌이 부족하고 불분명하다. 다만 불교에서의 칠보를 '시치호(しちほう)'로 부르고, 구워 내는 칠보를 '싯포(しっぽう)'로 불러서 양쪽의 혼동을 방지하고 있다는 것이 주목된다.

일본의 옛 문학 작품에는 실로 많은 칠보가 등장한다. 헤이케모노가타리(平家物語), 다이헤이키(太平記)[2], 우쓰호모노가타리(宇津保物語)[3], 오토기조시(御伽草子)[4], 요쿄쿠(謠曲)[5] 등의 작품에 칠보가 많이 나온다. 예를 들면 헤이케모노가타리[6]의 첫머리, 다이라노 기요모리(平淸盛)[7]의 영화(榮華)를 이야기하는 단락에는 「일본 아키쓰시마(秋津島, 일본의 옛 이름)는 겨우 66개국인데, 헤이케(平家)의 지교코쿠(知行國)[8]는 30여 개국이니, 이미 나라의 반을 넘었다. … 비단옷을 입은 사람들로 가득 차서 대청이 꽃밭 같았다. … 문전성시를 이루어 중국 양저우(楊州)의 금, 싱저우(荆州)의 진주, 우준(吳郡)과 슈장(蜀江)의 비단, 칠진만보(七珍萬宝)의 하나도 빠진 것이 없다」고 적혀 있다.

여기서 칠진(七珍)은 칠보의 다른 이름이다. 인도사거(人道死去)[9]의 단락

싯포쓰나기(七宝繫) 문양[10]

오카싯포(大岡七宝) 문양[11]

중「영검스러운 절과 신사(靈佛靈社)에 금은칠보(金銀七宝)를 시주하고…」처럼 주로 불교 경전의 진기한 보물(珍宝)을 가리킨다. 칠보가 기록된 불교 경전으로는 무량수경이나 법화경 수기품이 유명하다. 수기품(授記品)[12]에 나오는 칠보는 금, 은, 루리(瑠璃)[13], 거거(硨磲), 마노(瑪瑙), 진주(眞珠), 매괴(玫瑰)[14] 일곱 가지이고, 무량수경에서는 금, 은, 루리, 파려(玻瓈), 산호(珊瑚), 마노, 거거를 칠보로 들고 있다.

루리는 유리이며, 거거는 세계 최대의 쌍각류로 그 껍질은 장식품으로 사용된다. 파려(玻瓈)는 파리(玻璃)라고도 쓰며, 수정(水晶)이라는 설과 천연유리라는 설 두 가지가 있다. 수정은 구하기 어려울 정도로 귀한 것은 아니므로 일반적으로 천연유리라고 알려졌다. 어느 쪽이든 소중한 보물이라는 것으로 이 경우는 칠보를 '시치호'로 부른다.

불교 경전에 의하면 불국토(佛國土)[15]는 이들 칠보로 이루어져 칠보연못이나 칠보수림이 있다고 한다. 일본 국문학에도 칠보이슬, 칠보장엄, 칠보출생 등 경사스러운 일의 상징으로서 칠보라는 말을 사용하고 있다. 이처럼 칠보를 기이하고 상서로운 것으로 생각하는 역사 속에서 일본인

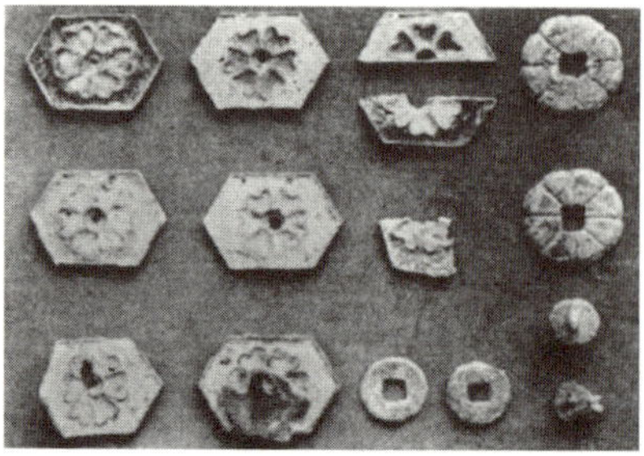
겐고시즈카고분 출토품

은 지극히 자연스럽게 칠보 제품을 칠보라 부르게 되었을 것이다.

시코쿠(西國) 도쿠시마현(德島縣)에 칠보산이라고 부르는 유명한 산이 있듯이 칠보라는 이름은 여기저기에 사용되었다. 싯포쓰나기(七宝繫)라 함은 2개 이상의 고리가 교차해서 겹치는 모양인데, 싯포 문양(七宝紋)이라는 가문(家紋)도 생겼다.

칠보베개는 견우와 직녀 두 별이 상봉하는 밤에 사용하는 베개의 이름이다. 공예 제품으로서의 칠보는 '싯포야키(七宝燒)'라고도 하고 '싯포나가시(七宝流し)'라고도 불렀다. 나중에는 아이치현(愛知縣)에서 칠보업자들이 많이 사는 마을이 '싯포무라(七宝村)'로 불리다가 그것이 어느 사이에 '싯포초(七宝町)'로 되는 등, 칠보된장이라든가 칠보간장이라든가 온갖 것에 칠보가 남용되기 시작했다.

현재 일본의 국문학자가 칠보를 '시치호'로 부르는 것은 그 출전(出典)을 불교에 의존하고 있는 것이므로 바로잡아야 될 것이다. 그렇다면 옛날 일본에서는 칠보에 어떤 명칭을 썼을까.

몬무 천황(文武天皇)[16]시대에 오사카베신노(刑部親王)[17]와 후지와라노 후히토(藤原不比等)[18]에 의해 편찬된 율(律) 6권 령(令) 11권으로 된 국가 법전이 유명한 다이호율령(大宝律令)[19]인데, 다이호(大宝) 원년(701년)에 시행되었다. 그러나 고대 말기에 그 문헌이 없어져서, 각 조(条)의 자세한 내용을 알 수 없게 되어 버렸다.

후에 그 부분의 일부가 밝혀졌는데, 그중「이모노노쓰카사(典鑄司)[20]」

고분에서 출토된 상감 기법의 유물

의 조(条) 안에 「정1인((正一人). 장조주금은동철(掌造鑄金銀銅鐵). 도식(塗飾). 류리(瑠璃). 위화제주야옥작(謂火齊珠也玉作: 정(正)의 직급에 속하는 직원이 한 명 있고, 관장 업무는 금·은·동·철의 주조, 칠 등으로 꾸미는 일, 루리(瑠璃), 유리 구슬이나 옥을 만드는 일을 한다)」이라는 문장이 있다. 가세이슈(火齊珠)라 하는 것은 유리 구슬을 말하는데, 여기 나오는 도쇼쿠(塗飾)와 루리(瑠璃)가 과연 칠보를 가리키는가에 대해 옛날부터 논의가 끊이지 않았다. 칠보가 아니라면 금이나 은으로 도금한 것이나 상감이라고 해야 된다. 그러나 금속을 장식한다는 의미라면 도금도 상감도 칠보도 함께 인정받겠지만, 유리로 금속류를 장식한다는 의미라면 그것은 칠보일 수밖에 없고, 다이호(701~704년) 연간에 이미 칠보 제조가 있었다는 증거가 된다.

이미 겐고시즈카고분(6~7세기)에서 칠보 금구가 출현하고 있는 이상 시대적으로도 부합한다. 앞에서 말한 것처럼 일본의 고훈시대는 무엇보다도 철기시대였고, 그 철기를 주로 해서 금은 상감 기법을 이용해 장식하고 있었다는 것은 최근 출토품의 렌트겐 검사 등에 의해 한층 더 명확해졌다.

철의 표면을 금은 상감으로 장식하는 법으로부터 동의 표면을 유리로 상감하는 법을 알아내기까지의 기간은 결코 먼 것은 아니다. 이미 일본인은 고훈시대 이전부터 유리 곡옥까지 만들었다.

일본 고대 유리 역사에서 불가사의한 것은 야요이시대부터 시작된 유리 제품의 제조인데, 일본의 세공인은 곡옥을 비롯하여 구시로(釧, 고대 팔찌), 구다타마(管玉, 가운데가 뚫린 원통형 옥), 사이간(塞杆, 머리 장식), 헤키(璧, 제사용

옥기)[21] 등을 유리로 만들었으며, 중국식의 납유리뿐만 아니라 유럽식의 소다유리도 사용했던 것이다.

중국에서는 납유리가 주류였으나 모전(万震)의 『난저우이우즈(南州異物誌)』에도 소다유리의 제조법이 쓰여 있는 것을 보면, 소다유리의 제조법은 알고 있었으면서도 거의 만들지 않았는데, 일본의 세공인이 문헌에 의거해서 이러한 공예품들을 만든 것으로 추정할 수 있다.

일본에서 최초로 유리 곡옥이 만들어진 기원전 2세기부터 대략 800년이 지나서 귀갑형칠보금구가 만들어졌다. 여기에는 많은 논쟁이 있지만 본문의 서두에 언급한 제조설(製造說)은 도로시 브레이야(Dorothy Breillat)[22]가 기고한 「쇼소인(正倉院)의 칠보이경(七宝裏鏡) 유리공학지(1960)」을 근거로 쓴 것이었다. 이 논문은 말할 필요 없이 유명한 쇼소인의 십이릉경(열두 모서리 거울)을 대상으로 한 것인데, 겐고시즈카고분의 칠보에 대해서도 상당히 깊은 설명을 하고 있다.

문제가 되는 출토품은 정확하게는 여섯 개의 꽃잎 모양 칠보 금구(六葉花文七宝金具)라 불리고 있는 것으로, 전체의 모습이 거북의 등과 닮아서 귀갑형칠보금구로도 불리고 있다. 동으로 제작되었고 장경(長徑) 약 4.6cm, 단경(短徑) 약 3.2cm, 두께 약 3cm의 육각형인데, 투명한 호박색의 유약으로 여섯 개의 꽃잎을 만들고 그 주위를 불투명 백색 유약으로 채웠다.

동 바탕의 가장자리를 두들겨 만들어서 백색 유약이 밖으로 흘러넘치지 않도록 했다. 또 호박색의 꽃잎은 유선(有線) 또는 주조선(鑄造線)으로 구분돼 있고 가장자리는 훌륭한 유선 칠보로 되어 있다.

중국에서도 예부터 주조로 선을 만드는 경우와 가는 선을 붙여서 만드는 두 가지의 예가 있었다. 어느 쪽이든 칠보라는 것은 선으로 테두리를 두르는 요컨대 크로아조네(cloisonné, 유선 칠보 세공)라는 생각을 가진 사람에 의해 이 칠보 금구가 제작되었다는 것은 틀림없다.

도로시 브레이야는 유리봉의 끝을 가열해서 녹인 것을 바탕재료인 동 위에 대면 유리가 떨어져 바탕금속에 눌어붙는데, 그때 열이 부족해서 유리의 유동(流動)이 나빠지면 둥글게 솟아 오른 채 냉각 된다고 그 제작 공정을 추리했다.

이런 추리가 물리적으로 통용될 수 있을까. 예를 들어 이것이 양초의 촛농이라면 가능할 것이다. 녹은 촛농을 떨어뜨리면 촛농이 둥글게 솟아 오른 채 냉각된다. 그것은 촛농이 열의 불량도체이기 때문이다. 그에 반해서 유리는 열의 양도체이다. 고대에 유리봉의 끝만을 녹이는 기술이 있었다는 것을 증명하지 않으면 이 추리는 성립하지 못한다. 또, 만일 끝만을 녹여서 바탕재료 위에 한 방울을 떨어뜨리는 것을 성공했다 해도 그 유리 한 방울은 절대로 금속에 녹아붙지 않는다.

칠보는 바탕재료인 동과 유약이 동시에 열을 받아 비로소 분자결합 하는 것이기 때문이다. 설령 미리 바탕금속을 가열해 놓았다고 해도 금속은 공기와 결합해서 산화피막을 형성시킨다. 일단 산화피막이 생기면 유약을 겉돌게 할 수밖에 없는 것이다.

도로시 브레이야의 추리는 그것이 아무리 재미있는 착상이라 해도 실제로는 있을 수 없고, 그 추리를 받아들였던 어느 일본 연구자의 결론도 모두 과학적 사실을 외면한 것이라고 말할 수 있을 것이다.

동 바탕에 일부만 유약을 놓고 동시에 구워 냈을 때 유약의 입자가 거칠면 거칠수록, 즉 알갱이 유약일수록 더욱 둥글게 솟아오른다. 귀갑형 칠보금구의 꽃잎이 둥글게 솟아오른 것은 실패가 아니고 분명히 성공한 것이다.

1 요쓰싯포(四七宝) 문양: 싯포 문양 4개를 연결한 문양

2 다이헤이키(太平記): 무로마치시대에 난보쿠초(南北朝)시대 전란을 기록한 군키모노가타리(軍記物語). 군키모노가타리란, 역사상의 전쟁을 소재로 한 이야기로 무용담이나 연애 등을 후세에 전하기 위한 이야기이므로 사실을 충실하게 쓰기 보다는 좀 과장된 면이 있다.

3 우쓰호모노가타리(宇津保物語): 헤이안 중기의 모노가타리(物語, 이야기나 소설)

4 오토기조시(御伽草子): 무로마치시대에 유행한 그림을 곁들인 단편 소설의 총칭

5 요쿄쿠(謠曲): 무로마치시대에 집대성 된 일본 고유의 가면 가극인 노가쿠(能樂)의 각본으로 대사와 음악을 포함한다. 고전, 전설 등을 각색한 250곡 정도가 전해진다.

6 헤이케모노가타리(平家物語): 가마쿠라시대라고 생각되는 헤이케(平家) 일문의 영화와 몰락을 그린 군키모노가타리

7 다이라노 기요모리(平清盛): 헤이안 말기의 무장이자 공경(公卿)

8 지교코쿠(知行國): 황족, 귀족, 사원, 신사, 무사에 지방의 지배권을 주는 제도

9 인도사거(人道死去): 사람으로서의 도리를 못한다는 뜻이다.

10 싯포쓰나기(七宝繋) 문양: 싯포 문양 여러 개를 연결한 문양

11 오카싯포(大岡七宝) 문양: 오오카 타다스케(大岡忠相)가 주로 사용한 문양

12 수기품(授記品): 부처님이 제자의 보살행 수행 후 성불할 것을 예언해 주시는 말씀

13 루리(瑠璃): 유리나 유리 공예품의 옛날 명칭. 일본에서는 라피스라즈리(보석, 안료용으로 사용되며 청금석을 주성분으로 하는 녹청색의 광물)를 지칭하기도 한다.

14 매괴(玫瑰): 중국에서 나는 붉고 아름다운 돌

15 불국토(佛國土): 부처님이 계시는 국토

16 몬무 천황(文武天皇): 아스카시대 42대 천황

17 오사카베신노(刑部親王): 몬무 천황의 황태자이다.

18 후지와라노 후히토(藤原不比等): 아스카~나라시대 초기 공경(公卿)으로 후지와라 가마타리(藤原鎌足)의 차남이자 후지와라 가문의 실질적 시조다.

19 다이호율령(大宝律令): 율령 국가의 확립을 목적으로 편찬된 법전

20 이모노노쓰카사(典鑄司): 율령제에서 대장성 소속의 주물관청이며 금속기, 유리기, 옥기의 제작을 했던 곳으로 덴추시 또는 덴주시라고도 한다.

21 헤키(璧): 고대 중국의 제사용 또는 권위를 나타내는 옥기(玉器). 연옥으로 만든 것이 많으며 원반 형태로 중심이 뚫려있고 표면에 조각이 되어 있는 것도 있다.

22 도로시 브레이야(Dorothy Breillat): 일본 고대 건축과 유리 공예 연구자로서 일본에서 공부한 미국의 고고학자이다.

제4장

쇼소인의 열두 모서리 거울

쇼소인 보고(宝庫) 전경 • 덴표시대1에 만들어진 것으로 세계에서 가장 오래된 목조 건물이다. 그 최대의 특징은 출토품이 아닌, 전해 내려오는 오래된 문물을 보존해 왔다는 점에 있다.

실크로드, 즉 비단길은 일본에 있어서 어떤 길이었을까. 특히 일본의 칠보 문화에서 비단길의 역할은 어떤 것이었을까. 『고지엔(廣辭苑), 이와나미쇼텐(岩波書店) 발행 일본어 사전』에 의하면 실크로드는 「중앙아시아를 횡단하는 동서교통로에 붙여진 고상하고 멋스러운 이름이다. 고대 중국의 특산품이었던 비단이 이 길을 통과하여 비잔티움을 거쳐 유럽·북아프리카에 전해졌기에 붙여지다」라고 되어 있다.

실크로드는 단순히 중국의 비단을 서양에 운반한 것만이 아니라 서양의 유리 그릇을 비롯해 많은 미술공예품과 그 기술도 동양으로 가져왔다. 쇼소인 보물 가운데 많은 것이 틀림없이 이 실크로드를 통해 가져온 것이고, 중국과 한국, 일본 문화도 그 거대한 영향을 받은 것이었다.

엄청난 서양의 문물이 시도 때도 없이 낙타 등에 운반되어 일본에 들어온 것은, 천황을 비롯한 귀족들에게 그 보물이 권력의 상징이었기 때문이다. 일본에서는 실크로드를 통해 들어온 서양 문물을 소유하는 것이 권위의 상징이 되었기 때문에, 세계에서도 유례 없는 형태의 쇼소인 창고에 보존되고 대대로 전해져 내려오고 있는 것이다.

쇼소인 전경

쇼소인은 목재를 井자 모양으로 쌓아 올려 짓는 아제쿠라(校倉) 구조이다.

실크로드가 손쉬운 길이 아니었다는 것은 예전부터 알려져 있다. 그러나 어려움이 많았음에도 이 길이 개척된 것은 나름의 이유가 있다.

서양 사람들은 비단을 비롯한 동양의 물건에 강한 흥미를 가졌다. 한편 중국인은 세계에서도 드문 옥 애호 민족이다. 옥을 진귀하고 소중하게 여긴 중국인은 그 산지를 서역(西域)[2]의 쿤룬산맥(崑崙山脈)[3]에서 찾았다.

그와 동시에 그 지방의 뛰어난 말도 갖고 싶어 했다. 하루에 천리를 달린다고 알려진 한혈마(汗血馬)[4]를 구하는 교역이 중국인을 서쪽으로 서쪽으로 휘몰았다.

실크로드를 통해서 사상도 유통했는데, 중국 서부의 사막길을 지나 불교가 동쪽으로 전해진 것은 가장 큰 결과였다. 또 우리들이 당초 문양(唐草紋樣)[5]이라고 부르는 것도 사실은 중국이 아닌 페르시아[6]를 원류지로 하는 서양의 문양이었다.

실크로드를 지나 칠보나 금공의 서방 기술도 전해졌음이 틀림없다. 그러나 이 비단길도 중세 이후 이슬람 상인의 남해항로(南海航路)[7] 개발에 따라 점점 쇠퇴하여 끝내 기억에서 사라지고 장대한 폐허가 되었다.

쇼소인의 보물 중에는 실크로드를 지나 가져온 서양의 공예품 등 명백한 서방산물과, 중국이나 일본 등의 동방산물이 모두 9천여 점 보존되어 있다. 이 창고는 세계적으로 유명한데, 그 보물 중에는 산지가 분명하지 않은 것도 적지 않다. 그중 하나가 문제의 십이릉경(十二稜鏡, 열두 모서리 거울)이다.

정확하게는 황금유리전배십이릉경(黃金瑠璃鈿背十二稜鏡)이라고 한다. 전배(鈿背)의 전(鈿)은 나전의 전(鈿)으로, 원래는 조화(造花) 비녀의 의미이다. 그것이 변하여 푸르스름하게 빛나는 조개껍질 세공을 말하게 되었고, 더욱더 변하여 장식의 의미를 갖게 되었다. 즉 나전으로 뒷면을 장식한 거울로 오해하기 쉬우나 당시에는 단순히 장식이라는 의미를 나타냈다. 요컨대 금과 칠보로 뒷면을 장식한 열두 모서리 거울이라는 것이다. 이 거울에 대해 지금까지 많은 학자, 연구가가 언급을 하고 있는데 그중에서도 오사카에 사는 칠보 작가인 아이다 히로노리(会田裕宣)의 「쇼소인 교부쓰(正倉院御物)[8]에 대해서」라는 논문이 상세하다.

그는 1950년 가을에 나라국립박물관에서 이 거울이 일반에 전시되었을 때, 연구자로서 특별히 허가를 받아 조사했다.

또 궁내청 쇼료부(書陵部, 왕실 도서관)의 고토 도시히코(後藤年彦)에 의해 「쇼소인 교부쓰 금공품의 조금적 조사(正倉院御物金工品의 彫金的 調査, 쇼료부키요(書陵部紀要)[9]제5호」라는 연구 논문이 쇼와 30년(1954)에 발표되었는데, 그 속에도 십이릉경이 고찰되었다.

지금까지 알고 있는 사실은 거울 그 자체는 지극히 흔한 청동 거울이라는 것이다. 물론 거울 면이기 때문에 석분(錫分)이 좀 많은 소위 백동경

쇼소인의 여섯폭 수하미인도 (樹下美人圖) 병풍의 일부 • 남아 있는 산새의 깃털로 인하여 일본산으로 판명되었다.

금은산수팔괘배팔각경(金銀山水八卦背八角鏡)**10** • 당대(唐代) 경문(鏡文)의 집대성으로 보이는 은첩경(銀貼鏡)**11** 의 걸작이다.

(白銅鏡)으로 되어 있다. 문제는 그 뒷면의 장식인데 이것은 대단히 복잡한 구성으로 되어 있다.

아이다 히로노리의 추리에 의하면 ① 우선 뒷면 손잡이(끈이 통과하기 위한 돌기물인데, 여기서는 그것이 꽃의 중심으로 되어 있다)부분의 원을 도려낸 열두 모서리의 은판을 만든다. ② 황금으로 이 은판에 테두리를 만든다. ③ 은으로 19개의 꽃잎 모양의 칠보 소지를 만든다. ④ 이 소지에 무늬대로 황금선을 붙인다(植線). ⑤ 위의 소재에 유약을 바르고 소성한다. ⑥ 금도금을 한다. ⑦ 별도로 만든 열두 개의 황금 삼각형을 조금으로 두드려 돌기를 만든다. 이렇게 만들어진 33개의 부품을 맥칠(麥漆) 등의 접착제로 접착시킨다. 이상이 아이다 히로노리의 결론이다.

여기서 중요한 역할을 하고 있는 것이 접착제로서의 풀이다. 여하튼 높은 사람에게 바치는 장식 거울이므로 저질의 풀을 사용해서 금방 떨어지면 쓸모없는 물건이 될 뿐만 아니라 직공의 목은 날아가 버린다.

아이다 히로노리가 말하는 맥칠이란 생옻에 밀가루(麥粉)를 혼합한 것으로, 옛날에는 주로 파손된 도자기를 수리하는 데 사용했다.

일본인은 예부터 아주 많은 풀을 연구해서 만들었다. 지금도 특수한 수공업자들 중에는 집안에서만 대대로 전해오는 풀의 제조법을 비밀로 하는 사람이 있을 정도다. 가장 일반적인 쌀풀이나 밀풀, 생밀기울 등은 가정의 일용품으로 사용되었는데, 만약 그런 것으로 쇼소인의 고문서(古文書) 등을 붙였다면 금방 벌레가 먹어서 천년 후의 오늘날까지 도저히 보존될 수가 없다. 벌레 먹지 않은 쇼소인의 고문서 등을 보면, 정말로 옛날 사람들의 풀과의 싸움의 역사가 상상된다.

단순한 전분질의 풀만으로는 좀과 쥐로부터의 해를 막는 것은 불가능하다. 쇼소인의 문서 하나에 마메노리(豆糊, 콩으로 만든 풀)가 나와 있는데, 만드는 방법은 현대에 이어지지 않았지만, 금공가인 가토리 호쓰마(香取秀眞)는 우리들이 지금 먹고 있는 낫토가 본래는 풀이었다고 하는 설을 「풀의 이야기」라는 글에 썼다.

점착성이 있는 낫토즙은 아주 강력한 접착력과 동시에 벌레나 쥐에 대한 저항력도 있다고 한다.

쿠사리노리(腐糊)[12]는 지금도 사용되고 있으며, 만수사화(曼殊沙華)[13] 뿌리를 삶은 것이나 마취목(馬醉木)[14] 의 나무부분을 달인 것은 벌레에 강한 풀로 사용되었다.

그러나 누가 뭐라 해도 강력했던 것은 백급(白芨)으로 만든 풀(白芨糊)이다. 백급이란 자란(紫蘭)이다. 백급풀은 자란의 알뿌리(球根) 전분을 이용한 것으로, 중국 고전『왕잔신삐루(王占心筆錄)』에도 나오기 때문에 순수 일본산이라고 말할 수는 없다. 이 백급에 닥나무 즙을 가한 것은 절대로 좀이 슬지 않는다고 한다.

백급은 지금도 중국 칠보나 일본의 전통 칠보에서 사용되고 있는데, 백급으로 붙인 것은 내던져도 금속선이 떨어지지 않을 정도로 강력하다.

황금유리전배십이릉경(黃金瑠璃鈿背十二稜鏡) • 12변의 삼각형에 황금판을 사용한 직경 12.8cm, 높이 2.1cm의 거울

쇼소인의 십이릉경과 비교된 한국 경주 출토의 보상화문[15] 벽돌(宝相華文塼)

더구나 태워도 영향이 없다고 하니까 정말로 칠보용으로서는 최적인 것이다.

사실 대불(大佛) 건립 시 다량의 백급이 사용되었다는 기록이 있어서, 나는 금속선을 붙이는 것뿐 아니라 부품 전체의 접착에도 백급풀이 사용된 것이 아닌가 하고 추측하고 있다.

십이릉경을 만든 장소와 제작 연도라고 하는 중요한 문제를 고찰할 경우, 두 가지 관점이 필요하다. 하나는 공예 기술의 연구라고 하는 관점이고 또 하나는 디자인이라는 관점이다.

우선 후자인 디자인 관점에서 생각해 보면 쇼소인에 있는 많은 보식경(宝飾鏡)[16]을 일본 천황이 보물로 여겨온 만큼, 구하기 위해 힘을 기울였을 텐데, 그 대부분은 모서리가 여덟 개이고 모서리가 열두 개인 거울은 이 외에는 다른 예가 없다.

그런데 야요이시대 말기부터 고훈시대에 중국에서 수입한 백동경 중에 사신수경(四神獸鏡)[17]이라는 것이 있다. 이것은 청룡(青龍)[18], 백호(白虎)[19],

쇼소인의 평나전배팔각경(平螺鈿背八角鏡) • 십이릉경과 함께 나전으로 뒷면을 장식한 보식경(宝飾鏡)의 백미로 일컫는다.

쇼소인의 금은평탈배팔각경(金銀平脫背八角鏡) • 칠예(漆藝)의 세련미를 모은 평탈경(平脫鏡)[20]인데, 이것도 팔각경이다.

주작(朱雀)[21], 현무(玄武)[22] 등의 성수(聖獸)를 묘사한 것으로, 이런 종류의 사신수경의 대부분은 열두 개의 돌기물로 둘러져 있다.

말할 필요도 없이 그것은 십이지(十二支)[23]이고 사실 그런 문자를 주조한 거울도 있다. 이 시대엔 팔각형이라는 것이 신기하고 진중(珍重)하게 여겨져 왕릉도 팔각묘가 단연 많고 백동경도 예외는 아닌데, 이 칠보 거울만 유독 예전부터의 사신수 십이지 사상을 되살린 열두 모서리를 갖는다는 것에 대해 나는 특별한 의미를 부여하고 싶다. 왜 이런 특별한 종류의 열두 모서리를 가진 거울이 칠보라고 하는 당시로서는 최고로 어려운 기술에 의해 제작된 것일까.

1 덴표시대: 쇼무(聖武) 천황의 덴표 연간(729~749)을 중심으로 하는 시대를 말하며 넓게는 나라(奈良)시대 전체(710~794)를 말한다.

2 서역(西域): 신장자치구 천산남로(天山南路)에 해당하는 타림분지를 가리키며 한(漢)나라 때는 36국이 있었다.

3 쿤룬산맥(崑崙山脈): 중국 티베트 고원과 타림분지 사이를 동서로 뻗은 산맥

4 한혈마(汗血馬): 피땀을 흘릴 정도로 매우 빨리 달리는 말이라는 뜻의 서역에서 나는 명마

5 당초 문양(唐草紋樣): 여러 가지 덩굴풀이 뻗어 나가는 모양을 그린 무늬

6 페르시아: 아시아 남서부에 있던 이란의 옛 왕국

7 남해항로(南海航路): 아라비아, 페르시아 상인들이 향락지로(香藥之路)라 불렀던, 중국 남부의 광저우(廣州), 양저우(楊洲)를 통과하는 실크로드보다 쉬운 길

8 교부쓰(御物): 회화, 서적, 검도, 보물 등 일본 황실의 소유품을 말한다.

9 쇼료부키요(書陵部紀要): 황실과 관계된 문서나 자료 등의 관리와 편수 및 궁내청의 연구 논문, 보고서 등을 게재한 정기간행물

10 금은산수팔괘배팔각경(金銀山水八卦背八角鏡): 중앙 돌기 부분에는 산, 그 주위에는 바다, 그 속의 섬에는 거문고를 타는 사람과 봉황, 공작, 작은 새 등을 배치하였다. 보상화 당초 문양의 띠 바깥쪽에는 고대 중국의 점법의 기원인 팔괘의 기호나 문자가 조각되어 있다.

11 은첩경(銀貼鏡): 뒷면에 은판을 붙인 거울

12 쿠사리노리(腐糊): 소맥분을 찬물에 녹여 가라앉은 전분질을 끓여서 옹기에 넣어 땅속에 묻은 후 3년 정도 걸려 만든 것으로, 책을 만들거나 병풍, 액자, 족자를 표구하는 등에 사용하였다.

13 만수사화(曼殊沙華): 수선화과의 여러해살이풀인 백양꽃인데, 피안화(彼岸花), 상사초 또는 꽃무릇이라고도 한다.

14 마취목(馬醉木): 진달래과의 상록관목

15 보상화문(宝相華文): 보상화는 당초무늬를 주제로 불교에서 이상화(理想化)한 꽃이고, 보상화문은 보상화를 주제로 한 덩굴무늬이며 통일신라 이후 각종 미술품의 장식 문양으로 쓰였다.

16 보식경(宝飾鏡): 거울의 뒷면을 각종 보물로 장식한 거울

17 사신수경(四神獸鏡): 사신수란 중국 신화에 나오는 동서남북 네 방향 또는 강(川)·바다(海)·길(道)·산(山)을 지키는 동물을 말한다.

18 청룡(青龍): 동쪽을 지키는 용

19 백호(白虎): 서쪽을 지키는 호랑이

20 평탈경(平脫鏡): 금속 표면에 무늬대로 오려내 얇은 금, 은판을 붙인 후, 전면을 옻칠하고 무늬판 위의 옻칠을 벗겨 내서 바탕금속과 금, 은판의 색 대비효과를 이루는 기법이다.

21 주작(朱雀): 남쪽을 지키는 봉황

22 현무(玄武): 북쪽을 지키는 거북과 뱀을 합성한 모양의 상상의 동물

23 십이지: 방위, 시각, 연월일을 나타내기 위한 열두 짐승의 이름으로 자(子,쥐), 축(丑,소), 인(寅,호랑이), 묘(卯,토끼), 진(辰,용), 사(巳,뱀), 오(午,말), 미(未,양), 신(申,원숭이), 유(酉,닭), 술(戌,개), 해(亥,돼지)인데, 현재 일반적으로 띠 동물로 알려져 있다.

제5장

열두 모서리 거울의 유래

호류지(法隆寺)[1] 오중탑북면(五重塔北面) 십대제자(十大弟子)들

일본인이라면 누구나 12(十二)라는 숫자를 보면 간지(干支)를 상상한다. 간지란, 정확히는 10간[2]과 12지를 맞추어 갑자(甲子), 을축(乙丑) 등 60조(六十組)로 조합한 것으로 년, 월, 일에 배당해서 방위, 시각, 점법에 응용된다.

야요이시대 또는 고훈시대에 출토된 중국 거울 12면의 의미는 바로 음양사상, 나아가 도교의 영향을 받은 점법사상을 의미한다.

그런데 칠보로 된 십이릉경은 하쿠호(白鳳)시대[3]의 것으로 추측되고 있다. 그러나 이 시대에 12지의 음양사상이 특별히 귀족층에서 존중되었다고 하는 기록은 없다. 그렇다면 이 열두 모서리는 어떤 의미를 갖는 것일까.

그것은 '그 사상을 갖지 않는다면 사람이 아니다'라고까지 일컬어진 사상, 바로 불교사상을 나타내고 있는 것이다. 쇼토쿠 태자(聖德太子, 574~622)[4]는 스스로 「산교기쇼(三經義疏)[5]」를 저술하였고 천황가가 불교를 국교로 하는 것에 전력을 기울였다.

원래는 도교를 믿는 집안이었던 나카토미 가마타리(中臣鎌足, 614~669)[6] 조차도 몸소 전향해서 불교를 믿는 집안이 되어 버렸다. 그만큼 이 시대에 불교의 기세는 대단했다. 하쿠호시대는 정말로 그 절정기에 있었고 불교미술이 꽃을 피운 것도 이 시대였다.

지금이야 12라는 숫자는 간지의 대명사가 되었지만, 이 시대에 12는

[왼쪽] 납유리로 특수한 주조 기법에 의해 만든 일본제의 유리항아리
[오른쪽] 후미노 네마로[7]의 녹색 유리 납골항아리(綠琉璃骨壺) • 나라현(奈良県) 우다군(宇陀郡) 야타키(八滝) 출토(707년)

불교의 대명사였다. 십이인연(十二因緣)은 불교의 윤회(輪廻)라는 것이고, 십이광(十二光)은 아미타불 광명(光明)의 열두 가지 공덕(功德)이며, 십이신장(十二神將)은 약사경(藥師經)을 독송하는 불교행자를 수호하는 열두 신장의 수호신이고, 십이분경(十二分經)은 경전의 형태를 형식이나 내용에 따라 열둘로 나눈 경전의 원전(原典)이다.

황금유리전배십이릉경이 하쿠호시대에 있었고 열두 모서리의 거울일 수밖에 없는 이유는 이것으로 짐작할 수 있다. 야요이시대와 고훈시대의 사상과는 전혀 다른 강고한 불교사상에 의해 열두 개의 모서리가 결정되었고, 그렇다고 한다면 더욱더 이 칠보 거울은 하쿠호시대의 일본산일 확률이 농후해지는 것이다.

조금 더 깊이 추측해 보면, 이 백동경이 칠보에 의한 장식경인 이유도 알 수 있다. 앞에 언급했던 십이광은 무량수경에 있는 부처의 광명을 지칭하는 것으로 무량광(無量光), 무변광(無辺光), 무애광(無碍光), 무대광(無對光), 염왕광(焰王光), 청정광(淸淨光), 환희광(歡喜光), 지혜광(智慧光), 부단광(不斷光), 난사광(難思光), 무칭광(無称光), 초일월광(超日月光)을 가리킨다.

거울은 천황가의 삼종의 신기(三種의 神器)[8] 중 하나로 일본의 대표적인 보물이다. 예전에는 거울의 반사는 신의 빛으로서의 위력을 나타냈다. 시대가 바뀌어 불교 시대가 되었고 거울은 부처의 광명을 나타내는 보물이 되었다. 칠보는 그 광택으로 인해 호화스러운 장식성을 갖고 있다.

어쩌면 불교가 내포하고 있는 12라는 숫자의 기서사상(奇瑞思想)[9]과 불전(佛典)이 내포하는 칠보라는 관념이 결합하고, 거기에 어려운 기술적 과제를 극복한 일본인이 이 유리 장식 거울을 완성하였으며, 그 완성에 의해 유리 장식 공예는 칠보라고 불리게 되었을 것이다.

칠보는 이처럼 일본에서는 처음부터 불교와 깊은 인연을 갖고 창조되었던 것이며, 후에 니코(日光) 도쇼구(東照宮)[10]를 비롯한 일본의 사원에 칠보 장식이 된 불교용품을 준비하여 배치한 것은 우연이 아니다. 그것은 마치 유럽에서 칠보가 기독교와 함께 발달하였고 이후 온갖 기독교의 성구를 모두 에마이유(칠보 공예)로 부르게 된 역사와 비슷하다.

이것은 나의 독단적인 추리는 아니다. 쇼소인에 보존되어 있는 「조모쓰요초단칸(雜物用帳斷簡)[11]」에는 덴표(天平) 6년(734)에 고후쿠지(興福寺)[12] 사이콘도(西金堂)[13]를 지을 때 당내(堂內)를 장식하기 위해 사용된 대량의 유리옥 제조법이 쓰여 있다. 이미 이 시대의 일본인이 고도의 유리 기술을 몸에 익히고 있었다는 것을 의미한다. 요컨대 원료, 원료의 배합, 비율, 용해로, 도가니, 유리 착색법 등을 알고 있었다는 것이다. 이는 아주 경이적인 일로 십이릉경이 투명 유약과 불투명 유약을 구사한 고도의 유선칠보 거울인 수수께끼도 이로써 풀린다.

게다가 쇼소인에는 당시의 가공되지 않은 유리 원료까지 남아 있기 때문에 유약을 제조했다는 것은 의문의 여지가 없는 것이다. 쇼소인 사무소에서 펴낸 『쇼소인의 유리(일본경제신문사)』에 의하면 이 십이릉경에 사용된 칠보 유약은 「연단과 규석의 혼합물에 적당한 착색제(산화동 또는 산화철)를 넣고 녹여 만든 유리를 부숴서 분말로 하고, 이것을 물에 적셔 채워

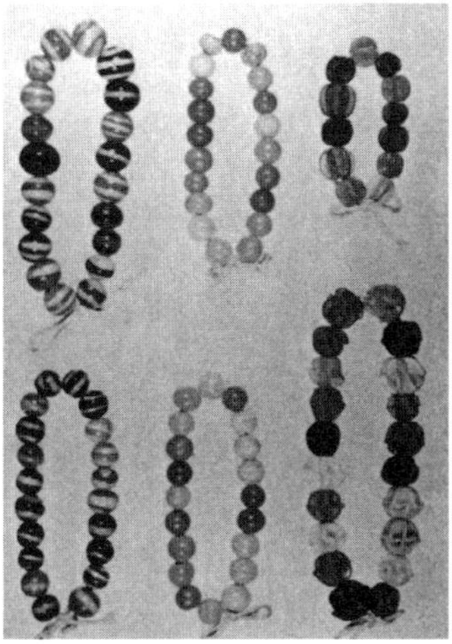

쇼소인의 잡색 유리옥

일본식으로 변한 보상화(宝相華) 모양

넣었다」고 되어 있다.

칠보 유약의 기초가 되는 성분은 투명 유약, 불투명 유약에 관계없이 규석과 연단이다. 이것을 대략 반반의 비율로 조합한 것에 착색제로 각종 금속산화물을 넣는 것이다. 연단은 납에서 만들어진다. 납은 구리를 캐는 광산에서 얻는 부산물로 일본에서도 풍부하게 생산된다. 이 납을 분말로 해서 구운 것이 연단이다. 단(丹)이라는 것은 붉은색이라는 의미이고, 차량이나 철교 등에 사용되는 도료가 연단이다.

규석은 수정(석영)의 분말 상태인 자연석으로 후쿠시마현(福島縣)이나 아이치현(愛知縣)에서 생산된다. 쇼소인 교부쓰(御物, 황실 소유품) 중에 대량의 수정이 있는데, 일찍이 조폐국 상훈과에서 훈장을 제작하고 있던 칠보 작가 아이다 히로노리는 이 수정이야말로 칠보 유약의 원재료였다는 것을 다음과 같이 쓰고 있다.

「수정을 규산분으로 사용하는 일은 별로 비용이 많이 드는 일은 아니

[왼쪽] 삼월당(三月堂, 도다이지(東大寺) 법화당)의 채색 보상화
[오른쪽] 쇼토쿠 태자상 • 아사 태자(阿佐太子)**14** 그림이라고 전해지는 하쿠호시대의 걸작이다. 호류지(法隆寺)소장.

다. 언뜻 보기에는 경도가 높아 분말로 만드는 데 가공상의 어려움이 있어 보이지만, 쇼와 4년(1929) 오사카 조폐국이 훈장 제조를 시작할 당시, 도쿄훈장회사에서 일하던 칠보 세공인 나와(名和)씨를 채용했는데, 이때 사용한 칠보 유약의 규산분이 수정으로 그것을 가마에 넣고 붉게 가열해서 물에 넣어 급랭하면 아주 취약한 물질로 되어 쉽게 분말로 만들 수 있었다」

십이릉경이 일본산이란 것의 증거가 되는 획기적인 고고유물이 전후(戰後)에 출토되었다. 그것은 하카타(博多)[15]부근의 유적인 미야지다케신사(宮地嶽神社)[16]의 경내에서 출토된 녹색 유리의 납골항아리였다.

이것은 서기 700~750년에 걸쳐 만들어진 횡혈고분(橫穴古墳)[17]에서 출토되었다. 납골항아리는 15cm 정도의 유리로 만든 것이었으며 판유리도 같이 발견되었다. 모두 납 함유율 70%의 납유리이며 더구나 그 제조

후쿠오카현 미야지다케신사에서 출토된 8세기 초의 녹색 유리 납골항아리 • 특수한 주조법에 의한 일본제의 유리 항아리이다.

당초 문양 • 페르시아에서 중국을 거쳐 일본에 들어왔다.

법이 다른 나라에 예가 없는 주조법에 의한 것이었다.

화장(火葬)풍습은 승려 도쇼(道昭)[18]가 덴무(天武) 4년(676)에 자신의 유해를 화장하게 한 것이 가장 오래된 기록이기 때문에 이 납골항아리는 그 이전의 것은 아닐 것이다. 그러나 녹색 유리를 사용한 주조 유리라고 하는 점에서는 일본의 독자적인 발상이라는 것에 의문의 여지가 없다.

이미 세계에서도 희귀한 거대한 동탁을 주조한 역사를 가지고 있는 고대 일본인은 곡옥 등의 유리 제품을 주조한 것처럼 이 납골항아리도 주조했다. 중국이나 유럽에서는 대롱으로 불어 만드는 유리 제조법이 이용되고 있었는데도, 일본에서는 이렇게 주형에 유리 재료를 부어넣는 기술을 개발했다.

십이릉경이 한 작품을 끝으로 단절된 것처럼 이 유리 납골항아리도 세 점만 남고 단절되고 말았다. 일본에서 다시 유리 용기가 만들어지게 된 것은 에도시대이며 그때까지는 모두 수입품의 유리 그릇을 애용했다.

칠보도 또한 이 십이릉경으로 단절되었다. 여하튼 루리(瑠璃) = 칠보 = 유리(琉璃)는 불교와 깊은 관련을 갖고 등장해서 그의 쇠퇴와 함께 기울어진 것이다.

그런데 이 칠보 거울의 제작 연대를 생각하는 또 하나의 해답은 그 디자인에 있다. 중국의 당나라시대 또는 일본의 나라시대[19], 헤이안시대[20]를 석권했던 문양이 당초 문양이다. 그것은 덩굴이 서로 얽힌 모양으로 그 원류는 페르시아의 사산조(sasan朝)[21]에서 시작하였으며 실크로드를 경유해 동아시아에 들어온 당시의 최신 유행 문양이었다.

이 당초 문양을 배열해서 독특하고 화려한 디자인에 도달한 것이 유명한 보상화(宝相華) 문양이다. 이것은 본래는 당초인데 처음 보면 꽃 모양같이 보이기 때문에 이렇게 불리고 있다.

1 호류지(法隆寺): 쇼토쿠 태자(聖德太子)가 607년에 나라에 세운 세계 최고(最古)의 목조 건축

2 10간: 갑(甲), 을(乙), 병(丙), 정(丁), 무(戊), 기(己), 경(庚), 신(辛), 임(壬), 계(癸)

3 하쿠호(白鳳)시대: 문화·미술사상 시대 구분의 하나로 아스카시대(스이코(推古) 천황 원년(593)~지토(持統) 천황 8년(694)까지 아스카(현 나라현 아스카(飛鳥)강 부근 마을)가 도읍이었던 약 102년간) 후부터 덴표시대 이전을 말한다. 다이카개신(大化改新, 645년)에서 헤이조쿄(平城京, 지금의 나라시) 천도(710년)까지의 시기이다.

4 쇼토쿠 태자(聖德太子): 아스카시대의 황족, 정치가. 견수사를 파견하는 등 대륙에 진출해서 문화나 제도를 받아들였으며, 관위십이계(冠位十二階), 17조 헌법을 정하는 등 천황을 중심으로 한 중앙집권국가체제의 확립을 도모하고, 불교 부흥에 힘썼다.

5 산교기쇼(三經義疏): 법화경(法華経), 승만경(勝鬘経), 유마경(維摩経) 등 세 경전에 대한 주석서

6 나카토미 가마타리(中臣鎌足, 614~669) : 중앙 호족으로 본래의 성(姓)은 나카토미(中臣)였다. 덴지(天智) 천황과 함께 다이카개신(大化改新)을 단행하여 율령 체제의 기초를 구축하였고, 죽을 때 덴지 천황이 후지와라(藤原)의 성을 하사하여 후지와라 가마타리가 됨으로써 후지와라(藤原) 성씨의 시조가 되었다.

7 후미노 네마로(文祢麻呂): 아스카시대(672) 진신의 난(壬申亂)에서 덴무(天武) 천황의 장수로 출전한 사람인데, 에도시대에 능이 발굴되어 매장품이 국보로 지정되었다.

8 삼종의 신기(三種의 神器): 일본 신화에서 아마테라스오미카미(天照大神, 태양신이며 황실의 조상신)가 손자 니니기노미코토(瓊瓊杵尊)를 내려 보내서 전달한 거울(鏡)·곡옥(曲玉)·검(劍)을 말하며 천황이 즉위할 때는 황위의 증거로 세 개의 보물을 계승하므로, 이들 각각에 대한 의미가 있어서 보관과 관리가 철저하다.

삼종의 신기

9 기서사상(奇瑞思想): 경사스런 일의 전조로 일어나는 불가사의한 현상. 길조

10 도쇼구(東照宮): 간토(關東) 지방 북부 도치기현(栃木県) 니코시에 있는 신사로 막부 초대 쇼군인 도쿠카와 이에야스(徳川家康)를 모신 곳이다. 이에야스는 1616년에 죽어 구노잔(久能山)에 매장되었다가 다음 해에 니코로 이장되었다.

11 조모쓰요초단칸(雜物用帳斷簡): 여러 가지 물건, 용도 등을 적어 두는 문서

12 고후쿠지(興福寺): 나라현(奈良縣)에 있는 후지와라(藤原) 성씨의 사찰로 고대에서 중세에 걸쳐 강력한 세력을 과시하였다.

13 사이콘도(西金堂): 덴표(天平) 6년(734)에 쇼무(聖武) 천황의 부인인 타치바나 미치요(橘美千代)의 1주기를 맞아 석가삼존불을 안치하여 창건하였다.

14 아사 태자(阿佐太子): 백제의 왕자. 스이코(推古) 천황 5년(597)에 일본에 갔다가 쇼토쿠 태자를 만나자 관음(観音)의 화신이라며 합장하고, 쇼토쿠 태자도 나의 제자라고 했다는 전설이 있다.

15 하카타(博多): 후쿠오카현 후쿠오카시의 동부를 가리킨다.

16 미야지다케신사(宮地獄神社): 후쿠오카현(福岡縣) 후쿠쓰시(福津市)에 있는 신사

17 횡혈고분(橫穴古墳): 무덤 옆에 구멍을 파서, 유체(遺体)를 안치한 곳과 연결되는 통로를 만들고 돌을 쌓아 올린 묘

18 도쇼(道昭): 7세기의 대표적인 승려. 653년에 학승(學僧)으로 당나라 창안(長安, 산시성(山西省) 시안시(西安市)의 옛 이름)에 가서 쉬엔장(玄奘)의 제자가 되었다가 661년에 귀국하여, 아스카(飛鳥) 호코지(法興寺)의 동남쪽에 선원을 짓고 거주하며 선(禅)을 넓히고 경전을 설법하였다. 사망 후 유언에 따라 화장함으로써 일본에서 화장이 시작되는 계기가 되었다.

19 나라시대: 나라가 수도였던 서기 710~794년의 80년간을 말한다.

20 헤이안시대: 794년 간무(桓武) 천황이 수도를 헤이안(平安, 지금의 교토)으로 옮긴 후 1185년 가마쿠라(鎌倉) 막부 성립까지의 약 390년간을 가리킨다.

21 사산조(sasan朝): 226년부터 651년까지 페르시아를 지배하던 왕조

제6장

우지 뵤도인의 칠보

우지(宇治): 교토부(府) 남부의 시. 우지가와(宇治川)가 흐르고 나라(奈良)와 연결되는 곳으로 헤이안 시대부터 귀족의 별장지로 이용되었다.

뵤도인(平等院): 교토부(府) 우지시(宇治市)에 있는 후지와라 요리미치(藤原頼通)가 창건한 사원. 헤이안 후기의 건축, 불상, 회화, 정원 등이 오늘날에도 전해지고, 교토의 문화재로서 세계유산에 등록되었다. 봉황당은 10엔짜리 동전의 무늬로 유명하다.

뵤도인(平等院) 봉황당(鳳凰堂)과 아지이케(阿字池)

제4장에 있는 한국 경주 출토의 보상화 무늬 벽돌이 십이릉경과 너무나 비슷해서 십이릉경이 외국산이라는 증거로 사용되는 일이 많다.

확실히 닮은 것은 틀림없으나 한국의 보상화 무늬 벽돌의 경우 잘 관찰하면 전체의 구성과 디자인이 어디까지나 잎이고 만초이다. 한국은 중국 문화의 영향을 직접 받은 만큼 그 독자성에도 늘 절충주의가 보인다.

이노우에 야스시(井上靖)[1]의 『덴표(天平)의 이라카(甍)[2]』에서도 알 수 있듯이 인도에서 직접 들어온 중국의 불교보다도, 중국과 한국을 거쳐서 들어온 일본이 더 불교에 열심이었다. 그러니까 지엔쩐(鑑眞)[3] 같은 고승마저도 일본에 온 것이다.

대륙에서의 보상화는 어디까지나 덩굴 문양인 당초이고 만초(蔓草, 덩굴풀의 총칭)인데 비해, 일본에서는 몇 개의 예가 가리키는 것처럼 완전한 꽃 모양으로 변해 있다. 삼월당의 채색 보상화처럼 여섯 개의 꽃잎을 가

봉황당의 아미타여래상

봉황당 내부의 화려한 문양 • 십이릉경과 비슷한 모양을 하고 있다.

진 완전한 꽃으로 되어 있는 것도 있다.

십이릉경은 중심에 꽃 심을 가진 꽃으로서의 보상화문이고 일본화한 당초 모양이다. 니코 도쇼구에 있는 아오이 문양(葵紋)[4]의 상감 칠보도 전체적으로는 일본화한 보상화문이라고 해야 할 것이다. 이로써 십이릉경에 많은 수수께끼가 있다고 해도 이것은 일본에서 만들어진 칠보라고 말할 수밖에 없는 것이 아닐까.

아이다 히로노리는「쇼소인 교부쓰에 대해서」에서「이 칠보 거울(宝鏡)은 일본에서 만들어졌다고 생각된다. 33개의 부분품을 만들어 이것을 옻으로 굳히는 등의 가공법은 일본 공예가의 기풍(氣風)이지 다른 나라의 작풍(作風)이 아니다. 이 점이 일본의 공예가인 저자에게는 친근하게 느껴진다」라고 썼다.

일본의 칠보 및 유리 그릇에 있어서 역사적으로 큰 수수께끼는 그 생

봉황당 중당(中堂)의 기둥 • 호화로운 보상화 문양이고, 채색되어 있다.

봉황당 남익랑(南翼廊)5

산이 도중에 갑자기 중단되고 만 일이다. 유리 항아리까지 만들었던 유리 그릇은 중단된 채 에도시대까지 다시 만들어지지 않았다. 칠보도 십이릉경 이래 200여 년이나 중단됐다.

여기에는 그럴만한 이유가 있어야 한다. 당시 문학 작품 중에 천황이나 귀족 등의 계층을 묘사한 작품에는 유리 그릇이 상당히 등장한다. 세이쇼 나곤(清少納言)6의 수필인 『마쿠라노소시(枕草子)7』에 나오는 유리 항아리는 유명하고, 무라사키 시키부(紫式部)8의 『겐지모노가타리(源氏物語)9』에도 유리라는 말이 몇 개 나온다. 겐지모노가타리(源氏物語)의 제49첩 야도리기(宿木)10에는, 덴조비토(殿上人)11들이 모여 가무를 즐기고 음식을 하는 사람이 묘사되고 있는데, 그중에 「백은(白銀)의 요우키(様器), 루리배(瑠璃盃), 헤이시(瓶子)는 감유리(紺琉璃) 모양…」이라는 구절이 있다. 백은(白銀)의 요우키(様器)란 은으로 만든 받침대, 루리배(瑠璃盃)는 유리잔, 헤이시(瓶

연못을 배치한 뵤도인 경내

子)는 주둥이가 좁고 목이 긴 술병인 도쿠리(德利)이다.

일부러 감(紺)색 유리라고 한 것은 그것이 특별히 고가로 인기가 있는 것이었기 때문이고, 이 시대의 덴조비토는 이처럼 생활 속에 유리 그릇을 들여와 사용하고 있었다. 물론 수입품이기에 서민과는 관련이 없지만, 이런 훌륭한 유리가 대량으로 수입되었으니 일본의 유리 기술이 발달할 리 없었다.

칠보에 관해 말하자면 하쿠호시대의 불교 열기가 사라져 불교용품으로서의 칠보 제조는 중단되었다. 그러나 일본의 칠보가 아주 사라지지 않았다는 것은 몇 개의 물건으로 증명할 수 있다. 바로 우지 뵤도인 봉황당의 문고리에서 볼 수 있는 철 칠보이다.

뵤도인은 에이쇼(永承) 7년(1052)에 간파쿠(關白)[12]였던 후지와라 요리미치(藤原賴通, 992~1074)[13]가 우지 강가에 있는 자신의 별장을 사원으로 창건한 것인데, 다음 해에 건립된 봉황당(아미타당)은 헤이안시대의 대표적 건물이며, 당내에는 조초(定朝)[14]의 아미타여래좌상(국보)이 있다. 그 외에도 헤이안시대의 대표적인 미술 조각이 가득 있는데, 이 칠보 금구도 또한 유일한 헤이안 칠보로서의 가치가 빛나고 있다.

후지와라 집안은 다이카개신(大化改新)[15]의 공신 가마타리(鎌足)를 시작으로, '후지와라에 있지 않으면 사람이 아니다'고까지 일컬어진 귀족이고, 헤이안시대에 셋쇼(攝政)[16], 간파쿠, 다이진(大臣)[17]의 대부분을 차지하였다. 특히 후지와라 미치나가(藤原道長)[18]는 30여 년에 걸쳐 정치를 지배

봉황당 벽면의 운중공양보살상(雲中供養菩薩像)[19] • 모두 목조이며 52체가 있다.

운중공양보살상(雲中供養菩薩像)의 일부

하고 권력을 남용했다. 그의 장남이 후지와라 요리미치였다.

그는 쇼랴쿠(正曆) 3년(992) 출생인데, 부모의 후광으로 12세 때 관례를 치름과 동시에 쇼고이카(正五位下)[20]가 되고, 15세에 쇼산미(正三位), 18세에 곤추나곤(權中納言)[21]이 되었다. 이어서 구교(公卿)[22] 모임에 들었으며, 22세에 곤다이나곤(權大納言)[23], 26세에 셋쇼나이다이진(攝政內大臣)[24]의 지위에 올랐다.

이처럼 풍족한 가계에서 자라면서도 요리미치에게는 고민이 있었다. 아버지 미치나가가 너무나도 유명한 독재자였기 때문에 간파쿠가 되고 나서도 여러 사람 앞에서 아버지에게 꾸지람을 듣곤 했다. 그는 아버지에 비해 정직하고 기가 약하며 또한 신체도 허약했다.

미치나가와 요리미치에게 공통이었던 것은 아미타 신앙이었다. 불상을 만들었던 조초의 아미타여래상이 뵤도인에 있는 것은, 병이나 육친의 사망, 화재 등의 온갖 것들이 자신들이 타도해 온 적의 원령 탓이라고 생각해 아미타 신앙에서 구제를 바랐기 때문인 것이다. 아마 현존했다면

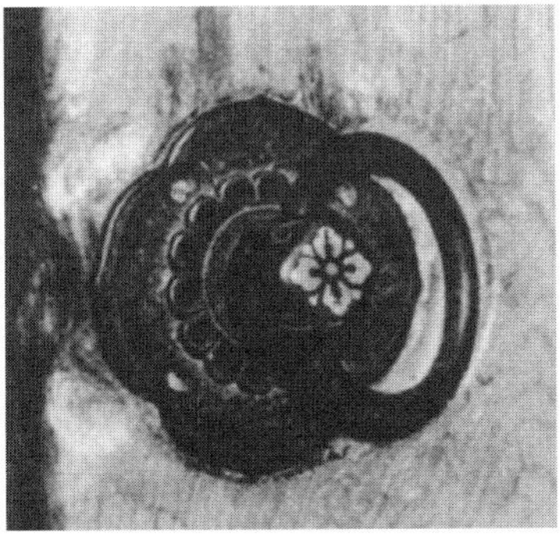

네 잎 꽃무늬 칠보 문고리 • 뵤도인 봉황당 본채의 문고리로 11세기 즈음 제작되었다.

일본 최대의 사원 유구(遺構)[25]가 되었을 호조지(法成寺)를 가모가와(鴨川)의 서쪽 고진구치(荒神口)에 건립한 것은 미치나가가 아미타로부터 구제를 받기 위함이었다. 아이러니하게도 눈이 부실 정도의 재물과 노력을 기울여 지은 호조지는 지어도 지어도 화재로 소실되었고 따라서 현존하지 않는다.

그에 비해서 요리미치가 아버지의 호조지를 모델로 하면서도 훨씬 작은 규모로 건립한 사원인 우지 뵤도인은 지금도 옛날 그대로의 위용을 뽐내고 있다. 당시 사람들은 뵤도인에는 아름다운 아미타불도 계시거니와 이 세상의 극락이 그대로 전부 갖추어져 있으니까 불교가 가르치는 극락정토를 의심한다면 뵤도인에 가보면 알게 된다고 이야기했다.

아마 미치나가가 건립한 호조지에는 칠보 금구 등이 많이 사용되었을 것으로 생각된다. 이들은 모두 타 없어지고 현재 전해지지 않지만 대사원(大寺院)을 불교의 일곱 가지 보배(七宝)로 장식한다는 것은 미치나가나 요리미치나 공통적인 생각이었을 것이다.

사진에 있는 뵤도인의 칠보는 봉황당의 본당 정면 중간문의 칠보 문고리이다. 이 문은 세로, 가로의 문틀과 문살로 된 골조의 양쪽에 판을 팽팽하게 당겨서, 판으로 된 문의 무게를 줄이려 했던 당대의 신공법에 의해 만들어졌다. 이 문을 닫는 금구에는 두 종류가 있다.

하나는 철 바탕에 동을 상감한 것이고 또 하나는 칠보를 상감한 것이다. 사진과 같이 직경 9cm의 네 개의 잎 모양 바탕금속 위에 국화자리가

뵤도인 지붕 위의 동봉(銅鳳, 동으로 만든 봉황)

붙어 있고, 그 위에 모서리를 둥글게 한 둥근 받침이 붙어 있다. 네 잎은 둥근 느낌이다. 가장자리를 장식한 안쪽으로 마름모꼴 꽃과 비슷한 보상화 문양으로 칠보 장식이 되어 있다. 칠보가 이렇게 보상화 문양과 공존하는 것을 십이릉경에서도 보았지만, 이는 당시 금공 기술의 최고작이라 할 수 있다(사진: 「고사순례교토(古寺巡禮京都) ⑧ 뵤도인(平等院)」 단코샤(淡交社)에서).

칠보가 입혀져 있는, 모서리를 둥글게 한 중앙의 받침 정면과 좌우 네 꽃잎은 당내(堂內)의 다른 모양과 같은데, 칠보는 청록색의 반투명 유약이다. 철소지 상감 기법은 일본에서는 상당히 옛날부터 발달하였고 고분에서도 멋진 작품이 발굴되고 있지만, 이 뵤도인의 칠보가 순수 철소지 상감인지, 아니면 에도시대의 칼코등이처럼 철소지에 동이나 은을 상감하고 거기에 칠보를 녹여 붙였는지 불분명하다. 철 바탕에 그대로 용착시켰다면 그 정도로 아름답게 되기는 어렵고 용착성도 좋지 않다.

청록색 반투명 유약은 어떻게 된 것일까. 봉황당 내부의 천개수식(天蓋垂飾)[26]에 사용된 청록색 투명 유리옥이 있는데 이것을 일단 깨뜨려서 분말로 만들어 칠보 유약으로 전용한 것으로 생각된다. 전에 말한 것처럼 당시의 귀족들은 일용품으로서 외국산 유리 그릇을 사용하고 있었고 불교용품, 도검, 집기 등에 유리를 많이 사용하고 있었다.

확실하게 말할 수 있는 것은 이 헤이안시대에도 칠보 기술을 보유한 뛰어난 금공사가 있었다는 것이다. 그 명작의 대부분이 불타 없어져 버렸다 해도….

1 이노우에 야스시(井上靖): 홋카이도(北海道) 아사히(旭川) 출생의 소설가

2 덴표(天平)의 이라카(甍, 지붕 가운데 있는 가장 높은 수평마루): 8세기 중국에서 당나라의 불교경전과 다른 예술품들을 일본으로 반입해 온 일본 승려가 겪은 일을 형상화한 소설이며 나라(奈良)에 지엔쩐(鑑眞)이 세운 도쇼다이지(唐招提寺)가 배경이다.

3 지엔쩐(鑑眞): 당나라 승려로 일본에 남산종(南山宗, 중국의 율종(律宗)을 대표하는 종파)을 전하고, 759년에 나라(奈良)에 도쇼다이지(唐招提寺)를 창건하였다.

4 아오이 문양(葵紋): 접시꽃잎 무늬로 도쿠가와 집안의 가문(家紋)이기도 하다.

5 남익랑(南翼廊): 대문의 남쪽에 잇대어 지은 행랑

6 세이쇼 나곤(清少納言): 헤이안 중기에 이치조(一条) 천황의 중궁이었던 주구 사다코(中宮定子)를 시중들던 여류 문학자

7 마쿠라노소시(枕草子): 세이쇼나곤(清少納言)이 약 10년간 궁중 생활을 하면서 쓴 수필이다.

8 무라사키 시키부(紫式部): 헤이안 중기의 여류 작가

9 겐지모노가타리(源氏物語): 11세기 초 무라사키 시키부(紫式部)가 쓴 일본 문학의 걸작으로 본격 장편 소설 중 세계에서 가장 오래되고 훌륭한 문학 작품의 하나로 꼽힌다. 겐지 왕자가 여러 여자들을 만나고 사랑을 나누는 이야기로 인간의 감정과 자연의 아름다움을 매우 섬세하게 그려 내고 있으며, 지극히 세련되고 우아한 귀족들로 이루어진 독특한 사회의 모습을 잘 그려 내고 있다. 이 세상의 덧없음이라는 불교적 깨달음이 반영되어 이야기가 진행될 수록 분위기는 어두워진다.

10 야도리기(宿木): 겐지모노가타리(源氏物語) 54권 중 제49권의 책 이름

11 덴조비토(殿上人): 천황이 기거하는 전(殿)에 오르도록 허락받은 관료

12 간파쿠(關白): 천황을 보좌하던 관직명

13 후지와라 요리미치(藤原頼通, 992-1074): 헤이안 중기 관료. 세 천황의 셋쇼(攝政), 간파쿠(關白)로 52년간 지배하였다.

14 조초(定朝): 헤이안 중기의 불상을 만드는 사람

15 다이카개신(大化改新): 다이카(大化) 1년(645)에 소가(蘇我) 가문 타도를 위해 일어난 쿠데타 직후에 실시된 정치 개혁

16 셋쇼(攝政): 천황을 대신하여 나라를 다스리는 직

17 다이진(大臣): 다이조칸(太政官, 지금의 내각에 해당하는 관청)의 최고 벼슬이며 위계는 다이조다이진(太政大臣), 사다이진(左大臣), 우다이진(右大臣), 나이다이진(內大臣) 순이다.

18 후지와라 미치나가(藤原道長): 헤이안 중기의 정치가로 후지와라 가문의 정점에 있던 인물

19 운중공양보살상(雲中供養菩薩像): 보살들이 구름을 타고 그 위에서 다양한 악기를 타거나 춤을 추는 모습을 새긴 조각상

20 쇼고이카(正五位下): 쇼고이카(正五位下)와 쇼산미(正三位)는 율령제의 위계를 나타내는 관직이다. 귀족은 고이(五位)부터 쇼이치이(正一位)의 사람이며 이덴(位田, 5품 이상의 신하에게 그 위계에 따라 나라에서 주던 논밭)이 주어진다.

21 곤추나곤(權中納言): 정원 외의 추나곤(中納言)을 가리킨다. 추나곤(中納言)은 율령제의 최고 관청인 다이조칸(太政官)의 관직명으로 다이진(大臣)과 다이나곤(大納言) 다음의 신분이다.

22 구교(公卿): 다이진(大臣), 다이나곤(大納

言), 추나곤(中納言), 산기(參議), 산미(三位) 이상의 귀족을 일컫던 말이다.

23 곤다이나곤(權大納言): 정원 외의 다이나곤(大納言). 다이나곤(大納言)은 다이조칸(太政官)의 관직명이며 다이진(大臣) 다음의 신분이다.

24 셋쇼나이다이진(攝政內大臣): 섭정 시기의 다이조칸(太政官, 태정관)을 말함

25 유구(遺構): 옛날 토목 건축의 구조와 양식을 알 수 있는 실마리가 되는 자취

26 천개수식(天蓋垂飾): 관의 덮개, 불상의 위나 건물 천장에 매달아서 길게 늘이는 드리개를 말한다.

제7장

가모 초메이의 접는 쟁 ①

군병(軍兵)들에게 연주하는 비파법사(琵琶法師) • 비파법사란 비파를 타는 맹인이나 승려를 가리킨다.

가모 초메이(鴨長明)[1]가 스스로 만들었거나 혹은 사용했다고 전해지는 쟁(箏)[2]이 있다. 그런데 칠보 연구가 중에 이 획기적인 문제를 최초로 언급한 것은 유감스럽게도 일본인이 아니다. 영국 리버풀(Liverpool)[3]의 칠보 연구가 제임스 보우(Jame Bow)가 메이지 23년(1890)에 간행된 「노트 온 칠보(Note on 七宝)」에 처음으로 이 초메이의 접는 쟁(折箏)을 다룬 것이다. 보우는 그 쟁에 세 군데에 걸쳐 칠보가 사용되었다고 썼다.

제임스 보우는 상당히 박식한 사람으로 「일본의 칠보」라는 200부 한정의 저작물도 냈으며, 칠보 외에도 일본의 역사나 미술공예 전반에 걸쳐 상당한 지식을 갖고 있었다. 이는 메이지유신 후 처음으로 문호를 개방한 동양의 신비한 나라에 대한 당시 영국인의 호기심에 의한 결과일 것이다.

보우가 그린 스케치에 익숙한 글씨체의 일본 글자로 그림해석이 붙어 있는 것을 보아, 원그림은 일본인이 그렸을 것으로 생각된다. 보우가 일본에 와서 직접 이 쟁을 보고 연구했을 가능성도 없지는 않겠지만, 그 경우에도 쟁의 연구자가 아니면 모르는 전문용어를 사용하여 훌륭한 해설을 붙여 놓았으므로 적당한 조언자가 있었을 것이다.

틀린 곳은 용각(龍角)이라고 해야 할 곳을 운각(雲角)이라고 한, 불과 한 곳뿐으로 완벽하다.

이 가모 초메이의 접는 쟁은 정말로 중세 초기의 작품일까. 그렇다고 한다면 이것은 일본의 칠보 역사를 다시 써야 할 정도의 대사건이다. 왜

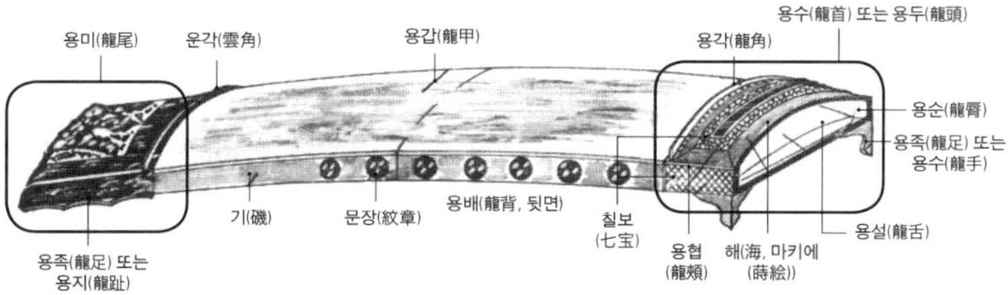

가모 초메이(鴨長明)의 접는 쟁(折箏)

냐하면 앞에서 언급한 우지 뵤도인의 칠보 문고리 이후에, 17세기 에도 시대에 이르기까지 일본 칠보는 중단됐다고 여겨지기 때문이다.

그런 사실 관계를 연구하기 위해서도 메이지 23년(1890)에 실제로 있었다고 전해지는 이 접는 쟁이 오늘날 일본의 어딘가에 실제로 있다면, 그것을 찾지 않으면 안 된다.

나는 우선 왜 가모 초메이가 쟁과 관계를 가졌는지 그 부분부터 깊게 연구했다. 「흐르는 강은 쉬지 않고 흐르지만 원래의 물이 아니다. 웅덩이에 떠오른 물거품은 한편 사라지고 한편 맺히며 오래 머무는 예가 없다. 세상 사람과 거처도 또한 이와 같다」 이것은 유명한 『호조키(方丈記)[4]』의 프롤로그에 있는 명문이다.

초메이는 가인(歌人)으로서도 유명했는데 무엇보다도 『호조키』 저자로서 오늘날에도 더욱 명성을 날리고 있다.

가모 초메이가 출가해서 호조안(方丈庵)을 짓고 은거 생활을 하게 된 이유는 두 가지였다. 하나는 교토 가모사(鴨社)의 신관(神官) 지위를 원했는데 얻지 못한 것이고, 또 하나는 음악상의 문제였다.

그는 매우 재주 있는 사람답게 그 유명한 호조안을 지을 때에도, 접어 개서 이사할 수 있도록 연구, 고안하였고, 쟁이나 비파도 자기가 만들었다고 한다.

『호조키』에도 「옆구리에 거문고와 비파를 각각 한 장을 낀다. 소위 접는 쟁(折琴), 이어 만든 비파(繼琵琶) 이런 모양으로…」라는 문장이 있다. 「소위…」라고 말하는 주석이 붙어있기 때문에, 초메이의 접는 쟁이나 이어 만든 비파는 당시의 음악인들 사이에는 평판이 난 명기(名器)인 것이다. 그것을 직접 만들었을까. 혹시 스스로 설계했을까. 우리들이 지금 얘기하고 있는 접는 쟁도 이 문장에서 시작된 것이다.

보통 아마추어는 쟁이나 비파를 만들 수 없다고 생각하지만, 그것은 가능한 일이다. 간사이(關西) 지방에, 내가 존경하는 낚싯대를 만드는 하네다 교쿠쇼(羽田旭匠)라는 사람이 있다. 그는 원래는 지쿠젠비파사(筑前琵琶師)[5]였다. 직업은 우체국 직원이었는데 시판되는 비파에 성이 차지 않아서, 재료에서 공구까지 전부 자신이 부담하여 비파를 만들어 냈다. 그렇게 해서 수십 년간 비파를 제작했다.

후에 하네다 교쿠쇼는 낚싯대를 만드는 일로 전직했는데, 그가 만든 「고슈(孤舟)[6]」라는 이름의 낚싯대는 지금도 하나에 수십만 엔이나 한다. 재주가 있고 자신감이 있다면 불가능한 일은 아니다. 다만 하네다 교쿠쇼가 괴짜로 유명한 것처럼 가모 초메이도 역시 괴짜 기인(奇人)이었다. 초메이를 아꼈던 고토바인(後鳥羽院, 고토바 천황)이 모처럼 찾아낸 신관(神官)직을 이류사(二流社)라고 일축한 사건은 당시의 귀족 사회에서는 있을 수 없는 큰 불경(不敬) 사건이었다.

그뿐 아니라 비파비곡(琵琶秘曲)[7]사건도 일어났다. 초메이는 비파를 나카하라 아리야스(中原有安)[8]라는 선생에게 배워서 최고의 예술에 이르렀다는 지예(至藝)로 불렸는데, 어째서인지 세 곡의 비파비곡 중에 「요신소(楊眞操)」만 전수받았을 뿐, 「류센(流泉)」과 「다쿠보쿠(啄本)」 두 곡은 전수받지 못했다. 당시는 전수제도가 엄격해서 혼자 연습은 할 수 있을지 몰라도 사람들 앞에서는 절대로 전수받지 않은 곡을 연주하면 안 되었다.

가모 초메이(鴨長明)

겐큐(建久)년(1190~1198) 어느 날, 초메이가 주최한 음악회가 가모(賀茂)에서 열려 유명한 사람들이 많이 모였다. 그는 주최자로 기분 좋은 밤을 보내고 있었다. 초메이는 흥에 겨워 금단(禁斷)의 비곡(秘曲)「다쿠보쿠」를 연주해 버리고 말았다. 대부분의 청중은 명연주에 감명했지만 그중의 한 사람이 금단곡 연주를 조정에 고소했다. 명백하게 잘못했으니 그는 죄를 인정하고 은거해 버렸다고 한다. 예(藝)가 몸을 돕는다고 말하지만, 그의 경우에는 몸을 망치게 된 원인이었다.

문방구 영감 같은 이름을 가진 분키보 류엔(文机房隆円)이 분에이(文永) 연간(1264~1274)에 쓴『분키단(文机談)[9]』에 다음과 같은 글이 있다.「구중궁궐 교토를 벗어나 옛집에 나와 있을 때, (초메이는) 손수 만든 자색등나무 작은 비파 하나를 고토바인에 바쳤는데, 줄을 퉁기는 바치(撥)는 흑단으로 만들었다」

자신이 만든 이 비파를 초메이는 연습해 본 것이라고 큰소리쳤다고 한다. 다만 칠보를 장식한 이 쟁을 초메이의 작품이라고 단정할 수는 없다. 평생 주고이(従五位)[10]라는 품계를 벗어난 일이 없었던 초메이가 이렇게 호화로운 것을 만들 수 있을 리가 없기 때문이다.

제임스 보우(James Bow)의 그림해설을 번역해 보면「초메이의 접는 쟁」이 화려하다는 것을 알 수 있다. 우선 길이 140cm, 폭 25cm이고, 해(海)에 해당하는 부분은 긴마키에(金蒔繪)[11]이며, 뒤판과 측면에 모자이크 모양의 칠보가 사용되었다. 보우의 그림해설에는 뒤판은 모자이크 모양의 칠보, 측면은 망목(網目) 칠보, 즉 스크린 칠보[12]라고 기록되어 있다. 모든 모

고토바 천황(後鳥羽天皇)

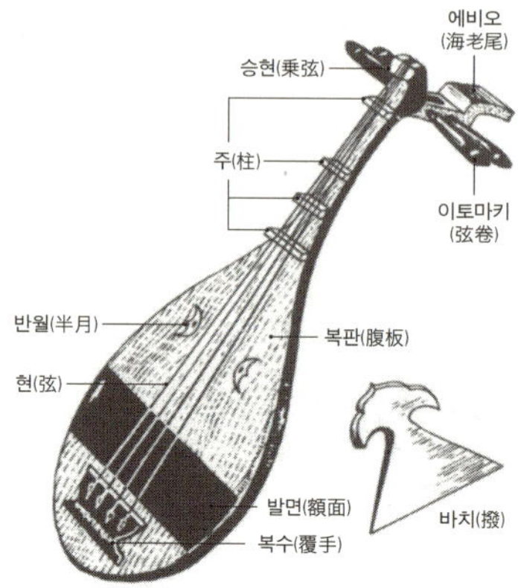

비파의 각 부 명칭13

서리에는 보석이 아로새겨졌고, 양쪽 측면은 철도목(鐵刀木)으로 되어 있으며 그 외에는 뽕나무를 사용한 것 같다. 문장(紋章)[14]은 직경 3.6cm인데, 상아, 옻, 금, 은분(銀粉), 동, 조가비 등을 사용했고 측면 일부에는 황동도 사용하였다.

이런 것은 궁핍한 가인이 감당할 수 있는 것이 아니다. 그러나 품계는 낮아도 은거 생활을 하기 전의 가모 초메이에게는 고토바 천황이라는 유력한 후견인이 있었다. 천황은 그를 가인 사회의 최고의 지위인 와카쇼(和歌所)[15]의 기인(寄人)으로 뽑았다. 게다가 그는 칙선가인(勅選歌人)[16]이었다. 기록이야 없지만 그가 평생의 업적으로 이런 쟁을 설계해서 천황께 아뢰어 제작하게 하는 것은 가능했을지도 모른다. 어느 쪽이든 보통의 쟁이 아니고 접는 쟁이라는 점에서, 단순히 화려함을 겨루는 덴조비토(殿上人)의 의지와는 다른 초메이 특유의 의지가 엿보인다.

그것은 진기함을 자랑한다는 점에서는 딜레탕트(dilettante)[17]이고, 취미

비파법사 그림

나 위안거리로 이해될 수 있는 반속(反俗)[18]정신이었다.

그런데 의외의 곳에서 이 접는 쟁이 선보일 기회를 맞았다. 가모 초메이의 연구가로 이름난 사쿠힌 가즈오(策瀕一雄) 박사가 쇼와 46년(1971)에 호조키 전체를 해석한 『호조키 전주석(全注釋)』을 간행했는데, 그 속에 「쟁(箏)의 동체(胴體) 부분을 두 개로 분리할 수 있도록 한 것이다. 도쿄국립박물관에 초메이의 접는 쟁(箏)으로 전해지는 것이 있다」고 접는 쟁에 관해 소개하고 사진도 게재하였다.

내가 탐색을 시작하기 9년 전의 일이다. 「초메이의 접는 쟁」은 메이지 23년(1890)으로부터 90년 만에 되살아났다. 그리고 지금도 멋있게 도쿄국립박물관에 보존되어 있는 것이다.

1 가모 초메이(鴨長明): 헤이안시대 말기에서 가마쿠라시대에 걸친 가인(歌人), 수필가

2 쟁(箏): 거문고와 비슷한 13줄의 현악기

3 리버풀(Liverpool): 영국 서부 랭커셔에 있는 항구 도시

4 호조키(方丈記): 가모 초메이가 쓴 가마쿠라시대의 수필. 가모 초메이는 말년에 교토 교외 히노산(日野山)에 작은 암자를 짓고 은거했다. 사방일장(四方一丈, 약 3.03m)의 암자에서 세상을 관찰하고 쓴 것이기에 스스로 호조키(方丈記, 사방 1장)라는 이름을 붙였다.

5 지쿠젠비파사(筑前琵琶師): 지쿠젠비파(메이지 20년대에 하카다(博多)에서 다치바나 치조(橘智定) 등이 창시한 비파악(琵琶楽)과 그에 이용되는 악기)를 만드는 사람

6 고슈(孤舟): 외로이 홀로 떠 있는 배라는 뜻

7 비파비곡(琵琶秘曲): 요신소(楊眞操), 류센(流泉), 다쿠보쿠(啄木)의 세 곡. 이 세 곡은 세상에 알려지지 않고 비밀스럽게 전수되어 온 곡이라는 기록만 있고, 곡 자체는 남아 있지 않다.

8 나카하라 아리야스(中原有安): 헤이안 후기~가마쿠라시대의 가인(歌人)

9 분키단(文机談): 비파의 전수 순서를 문답 형식으로 기록한 역사 이야기

10 주고이(従五位): 쇼고이(正五位) 아래, 쇼로구이(正六位) 위의 직위이다.

11 긴마키에(金蒔繪): 금가루를 뿌려 칠기에 무늬를 놓는 일본의 미술공예

12 스크린 칠보: 실크스크린을 이용하는 칠보로 사실적 표현에 많이 사용한다.

13 비파의 각 부 명칭

- 에비오(海老尾): 비파의 끝 부분에 새우 꼬리와 같이 휜 부분
- 승현(乘弦): 현(줄)을 고정하는 부분
- 이토마키(弦卷): 조율용 현(줄) 감개
- 주(柱): 현(줄) 받이
- 복판(腹板): 나무로 된 동체
- 반월(半月): 음을 증폭시키는 소리 구멍
- 현(弦): 견사로 된 줄로 소리를 내는 부분
- 발면(撥面): 소가죽 등을 붙여 만들며 복판을 보호하는 부분
- 복수(覆手): 현(줄)을 묶어서 고정하는 부분
- 바치(撥): 줄을 퉁기는 도구

14 문장(紋章): 씨족, 집안, 나라, 단체 등의 표시로 쓰이는 일정한 도안

15 와카쇼(和歌所): 헤이안시대 칙찬 와카슈(和歌集)의 편찬 사무를 맡은 임시 관청

16 칙선가인(勅選歌人): 임금이나 천황이 칙명으로 직접 뽑는 가인(歌人)

17 딜레탕트(dilettante): 예술이나 학문 따위를 직업으로 하는 것이 아니고 취미 삼아 하는 사람을 이르는 말, 아마추어

18 반속(反俗): 세상 일반의 습속·방식을 따르지 않는다는 뜻

제8장

가모 초메이의 접는 쟁 ②

호조키(方丈記) • 이와나미 문고의 호조키는 영원한 베스트셀러다.

히노산(日野山)의 호조안(方丈庵) 자취

일본의 많은 칠보 작가가 칠보의 역사에 흥미와 관심을 가지고 연구하고 있다. 그것은 대단히 좋은 일이다. 새로운 칠보 기술을 아는 것도 물론 소중한 일이지만, 좋은 옛 문화를 찾아서 그 역사에 대해 생각하고, 그 기술의 원류를 찾는 일은 결코 쓸모없는 일이 아니다.

예를 들어 도검의 칼코등이에 멋있는 칠보가 되어 있는데, 이런 것들은 무로마치시대[1]부터 에도시대[2]에 걸쳐 한창 제작된 상감 칠보의 대표적인 것이다. 검은 바탕의 주철에 움푹 들어가도록 오목(凹)을 파서 그 안을 은으로 상감한다. 오목은 미묘하게 만들어져 있는데 아래쪽이 넓고 상부가 좁다. 소성한 칠보가 흘러나오지 않게 하기 위해서다.

그렇게 하는 이유는 이 시대의 투명 유약은 흐르듯이 녹기 때문이고, 그렇기 때문에 아름답다. 지금도 스이유(水釉)[3]라고 하여 이 유약을 애용하는 작가가 있다. 기술이란 이와 같이 오래되었으면서도 동시에 새로운 것이다.

지금 이 책에서 의문을 갖게 되는 초메이의 접는 쟁은 원래 난바(難波)[4]

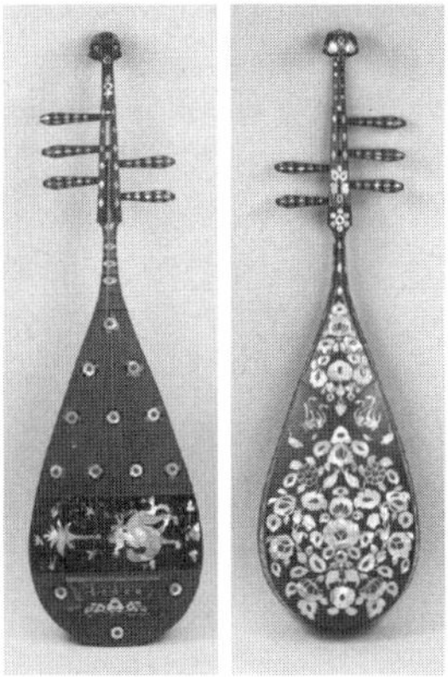

[왼쪽부터] 쇼소인의 비파의 정면, 후면

의 히라이(平井)라는 사람의 가계(家系)가 오랫동안 소장하고 있다가 박물관에 기증한 것으로 전해지고 있다. 전설대로 가모 초메이의 작품이라 한다면 그것은 놀랄 만한 작품이지만, 설령 그것이 중세를 내려오는 작품이었다고 해도 그 훌륭한 전통미의 평가가 낮아질 리는 없다. 하루라도 빨리 일반에게 공개되기를 기대하는, 정말로 뛰어난 칠보 작품이다.

일본에는 아직 이처럼 좋은 옛 칠보 작품이 많다. 그것을 우리 모두의 손으로 발굴해서 많은 사람이 견학할 수 있도록 하는 것이 중요한 일일 것이다. 중세의 칠보 작품은 집중적으로 사카이시(堺市)[5]와 교토에 많은데, 치장용 도검인 다치(太刀)[6]가 극히 오래된 칠보라는 것이 의외로 알려져 있지 않다. 후지와라 히데사토(藤原秀鄕)[7]가 패용했던 칠보 도검은 지금도 어딘가에 존재할 것이다. 작년(1981)에 칠보 작가 후야마 기요시(布山潔)와 함께 하마나(浜名)[8] 호반에서 지낼 때, 3일간 인터체인지 부근 호코지(方廣寺)[9]에서 가지 사타로(梶佐太郎)가 만든 칠보로 된 훌륭한 불교용품을 볼 수 있었다. 사타로는 가지 쓰네키치(梶常吉, 1803~1883)[10]의 3대째 칠보가다. 이런 사실을 볼 때 아직 일본 각지에는 오래된 칠보가 남아 있다. 일본에 산재해 있는 이런 칠보를 찾아 다니고 싶은 것이 나의 꿈이다. 고토라는 것은 원래는 중국의 악기였다. '고토'의 한자를 쟁(箏)으로 했다가 금(琴)[11]으로 했다가 하는데 금(琴)은 정확하게는 '긴'으로 읽고, '고토'와는 다른 악기이며 우리들이 부르는 '고토'는 쟁을 말한다. 진(秦)나라 때 아름다운 자매가 이 악기로 인해 다투었고, 원래 25현의 악기를 언니가 13현, 동생이 12

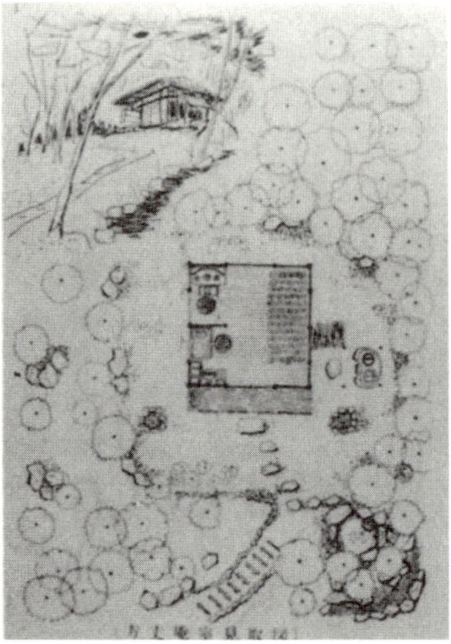
호조안의 상상도

현으로 나누고 말았다는 전설이 있다. 그래서 지금도 중국에서는 쟁을 친정(秦筝)으로 호칭하고 있다. 일본에서는 13현이 보통인데, 중국은 5현이 없고 7현의 악기이다. 각부의 명칭은 쟁을 용(龍)으로 가정하고 붙여졌다. 머리부분을 용수(龍首), 끝부분을 용미(龍尾), 등쪽을 용배(龍背), 머리 측면을 용협(龍頰), 절단면은 용순(龍唇), 중앙의 돌기를 용설(龍舌), 현이 닿는 작은 판을 용각(龍角), 앞다리를 용수(龍手), 뒷다리를 용지(龍趾)라고 한다.

일본에서 가장 오래된 쟁의 기록은 덴표쇼호(天平勝宝) 8세(756)의 쇼무(聖武) 천황이 사망했을 때의 헌납 목록으로 「동목쟁일장목화겸대모(桐木箏一張木畵兼瑇瑁), 납납힐대록리(納薦纈袋錄裏, 나무에 색을 입혀 무늬를 낸 목공예와 거북 등껍데기로 장식한 오동나무 쟁 한 장을 납염한 자루에 넣었다고 안쪽에 기록)」라고 하는 것이 있다. 벳코(鼈甲)[12] 등으로 장식한 화려한 쟁이라고 생각되나 현재 남아 있지 않다.

초메이의 접는 쟁은 호화로운 장식으로 되어 있다. 상아(象牙), 은선(銀線), 긴마키에(金蒔繪), 벳코(鼈甲), 기레(裂, 비단 자투리), 기리카네(切金), 신추(眞鍮, 황동), 나전(螺鈿) 등 공예의 진수가 모두 사용된 가운데 칠보를 상감하듯이 활용하고 있는 것이 최대의 특색이라고 말할 수 있다. 칠보에 관해서는 나중에 이야기하기로 하고 그 외의 기법을 살펴보자.

다섯 개의 은선 안쪽에 긴타카마키에(金高蒔繪)[13]의 문양이 있는데, 여

가와이신사(河合神社)14에 복원 설치된 초메이의 호조안

기에는 금분(金粉)을 한 면에 뿌린 긴이카케지(金沃懸地)15와 닭, 큰북, 매화 줄기 등에 은이나 금의 기리카네(切金) 세공이 되어 있다. 기리카네 또는 사이킨(截金)16이란 금, 은, 동, 주석 등을 두드려 얇게 만든 금박, 은박이나 얇은 판을 가늘게 잘라 붙여 여러 가지의 문양을 덧붙이는 기법으로 일본공예회의 니시데 다이조(西出大三, 1913~1995)가 그 기법의 보유자로 알려져 있다.

1 무로마치시대: 아시카가 타카우지(足利尊氏)가 교토의 무로마치(室町)에서 막부를 개설하고 정권을 잡았던 1336년부터 15대 장군인 요시아키(義昭)가 오다 노부나가(織田信長)에 의해 추방된 1573년에 이르는 약 240년간

2 에도시대: 게이초(慶長) 8년(1603)에 도쿠가와 이에야스(徳川家康)가 세이이타이 쇼군(征夷大将軍)에 임명되어 에도(江戸)에 막부를 수립한 이후 메이지 원년(1868) 메이지 정부군에 에도성을 내줄 때까지의 265년간

3 스이유(水釉): 아주 얇은 바탕재료에 칠하는 투명한 유약으로 두 번 칠하거나 유약 위에 채색해서 굽는 경우에 많이 사용한다.

4 난바(難波): 오사카시(大阪市) 주오구(中央区)·나니와구(浪速区)의 지역 명칭

5 사카이시(堺市): 오사카 센보쿠(泉北)에 있는 도시

6 다치(太刀): 칼날이 길며, 칼집에 넣어 허리에 차는 칼

7 후지와라 히데사토(藤原秀鄕): 헤이안 중기의 귀족, 무장

8 하마나(浜名): 시즈오카현(静岡県) 하마마쓰시(浜松市)·고사이시(湖西市)에 걸친 호수

9 호코지(方廣寺): 시즈오카현 하마마쓰시에 있는 임제종(臨濟宗, 선종(禪宗)의 한 종파) 사원

10 가지 쓰네키치(梶常吉, 1803~1883): 에도 말기~메이지 초기 오와리(尾張)의 칠보 공예가. 네덜란드 칠보를 연구하여 오와리 칠보를 창시함으로써 근대 칠보의 시조로 불린다.

11 금(琴): 옛날에는 현악기의 일반적 총칭이었으나 현재는 7현의 현악기를 칭한다.

12 벳코(鼈甲): 우리나라에서는 '별갑(鼈甲)'은 민물에서 사는 자라의 등껍데기로 주로 강장 약재로 쓰이며, 대모(瑇瑁)는 바다거북의 등껍데기로 공예의 재료로 쓰이는 것으로서 확실하게 구분하고 있다. 그러나 일본에서는 대모갑과 별갑은 공예 재료의 같은 의미로 쓰인다. 이는 에도시대 대모의 포획을 금지하자 대모갑이 아니라 별갑이라고 둘러대서 이름을 바꿔 부른 데서 기인한다고 한다.

13 긴타카마키에(金高蒔繪): 금가루로 칠기 표면에 무늬를 놓는 일본 특유의 미술공예이며, 마키에(蒔繪)란 옻으로 문양을 그린 후 마르기 전에 금속분이나 안료 가루를 뿌려서 고착시키는 기법이나 작품을 말한다.

14 가와이신사(河合神社): 교토 사쿄구(左京区) 시모카모신사(下鴨神社) 경내(숲의 남쪽)에 있는 신사이다. 가모 초메이는 가와이신사의 일을 담당하는 신관(神官) 집안에서 태어났다.

15 긴이카케지(金沃懸地): 마키에(蒔繪)의 무늬 없는 바탕에 금, 은가루를 뿌리고 옻을 씌워서 말린 다음, 금은 가루가 보이도록 갈아낸 것

16 사이킨(截金): 기리카네로도 읽는다.

제9장

접는 쟁의 제작 연대

접는 쟁의 현(弦) 조정구(調整具)

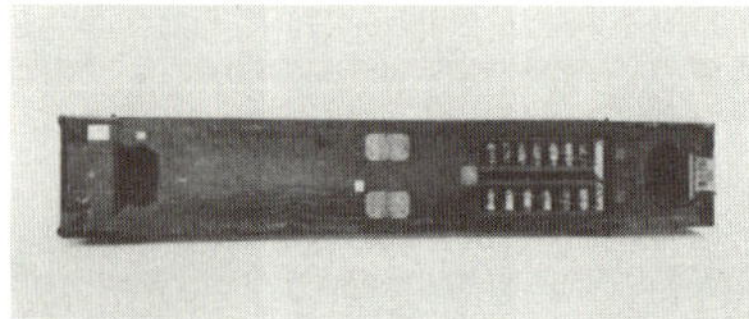

접는 쟁의 뒷면

가모 초메이의 접는 쟁에는 몇 가지 의문점이 있다. 전부 멋진 칠보를 구사했는데도 보존이 너무나 잘 되어 있어서 불가사의한 기분이 든다. 대대로 전해 내려오는 이 시대의 물건이 거의 없기 때문에 한층 그런 느낌이 짙다.

이 미스테리를 푸는 열쇠는 어디에 있는 것일까. 언제, 누가, 왜, 어떻게 이 접는 쟁을 만든 것일까. 작자 또는 증정자의 이름이 어딘가에 있다면 쟁 자체의 연대를 추정하는 데에 문제가 없지만 그런 것은 없었다. 그렇기 때문에 칠보 자체로부터 고찰하거나, 그렇지 않으면 문양 등으로부터 유추하여 고찰하는 두 가지의 길이 있다.

칠보 자체에서 고찰하는 경우, 문제는 비교 대상이 되는 다른 칠보가 그다지 없다는 것에 있다. 이 접는 쟁에서 칠보는 용두와 양쪽 용협 등 세 곳에 걸쳐 사용되고 있다. 용두의 칠보는 옛날에는 이시다타미 문양(甃紋, 바둑판 무늬)이라고 불리던 모양인데, 헤이안시대에는 산미(三位) 이상의 귀족이 입는 바지에 붙였던 문양으로 이 관습은 에도시대까지 이어졌다. 그런데 에도시대의 가부키 배우 사노텐 이치마쓰(佐野天市松)가 애용한 이래 이치마쓰 문양(市松紋)이라고 불리게 되었다.

용협의 칠보는 싯포쓰나기(七宝繫)로 불리는 모양인데, 모든 칠보가 불투명의 도로(泥, 니) 칠보[1]이며, 마에다(前田) 집안 소유의 칠보 구기카쿠시(釘隱, 못 가리개)[2] 등과 동일 기법인 상감 칠보이다.

접는 쟁의 이치마쓰 문양

이 시대의 상감 칠보는 동 또는 신추(황동) 바탕에 오목한 형태(凹)를 만들어 그 부분에 칠보 유약을 넣어 소성한 것인데, 패인 부분은 상부가 좁게 되도록 상감되어 있다. 그렇게 하면 유약이 떨어지기 어렵게 되고, 신추처럼 유약과 접합하기 어려운 바탕재료에도 칠보 유약의 사용이 가능하기 때문에 매우 편리하다.

일본의 상감 기술은 이미 고훈시대부터 고도로 발달하였으므로 일본의 칠보가 상감 칠보로 발달한 것은 우연이 아니다. 유럽에서는 상감 칠보를 '샹르베' 라고 부르고 있는데, 이는 말발굽 자국의 의미이다.

싯포쓰나기(七宝繫)는 끝이 뾰족한 장타원형을 연결한 일본의 독자적인 모양인데, 이 모양에서 가지각색의 칠보 문양이 생겨난다. 다만 이 모양이 왜 싯포쓰나기로 불리게 되었는지는 불분명하다. 이 접는 쟁처럼 칠보로 이 모양이 많이 제작되었기 때문에 이 명칭이 붙은 것인지, 단순히 화려하다는 점에서 이 명칭이 붙었는지는 불분명하다.

중요한 것은 이치마쓰 문양(市松紋), 싯포 문양(七宝紋)이라는 대표적인

접는 쟁의 싯포쓰나기 문양

문양이 이 접는 쟁에 사용되었다고 하는 것이다. 다만 칠보 기법상에서 이 접는 쟁의 연대를 추정하는 일은 어렵다. 또 하나의 관점은 이 접는 쟁의 미술적인 디자인과 문양에서 고찰하는 것이다. 용두의 디자인은 사진에서 알 수 있듯이 참으로 불가사의하다. 왼쪽에는 편백나무 울타리 문(檜垣門), 오른쪽에는 작은 매화나무(小梅)와 자주색 담(紫垣)을, 중앙에는 세 개의 미쓰토모에 문양(三巴紋)을 붙인 북(太鼓)이 있고, 그 위에 수탉이 올라 있다.

고목의 매화는 어쩌면 이 접는 쟁의 수수께끼를 풀 중요한 열쇠일지도 모른다. 왜냐하면 양쪽 측면에 있는 일곱 가지 가문(家紋)의 중심에 있는 것이 우메바치 문양(梅鉢紋)이기 때문이다. 우메바치 문양의 양쪽에 가타바미 문양(酢漿草紋)이 있다. 이것이 디자인상 정해진 것인지, 우메 문양(梅紋)에 특별한 의미가 있는지 그것이 중요하다.

중앙에 있는 미쓰토모에 문양의 북은 더욱더 중요하다. 왜냐하면 앞에서 말한 우지의 뵤도인 봉황당 벽화에 선녀들이 악기를 연주하는 천녀주악(天女奏樂)의 그림이 있는데, 그 북에도 미쓰토모에 문양이 그려져 있기 때문이다. 미쓰토모에 문양이 북에 그려져 있는 것은 일본 미술사에서 이 접는 쟁과 봉황당의 벽화, 헤이안시대의 명작「쇼주라이고우즈(聖衆來迎圖)[3]」뿐인데, 봉황당에는 칠보가 사용되었다. 우연의 일치일까.

다만 후지와라 요리미치(藤原賴通)에 의해 건축된 봉황당은 헤이안 후기의 것이고, 가모 초메이는 가마쿠라(鎌倉, 1185~1333)시대로 100년 이상의 차가 있다. 또 일본의 가문(家紋)이 융성된 것은 가마쿠라 중기부터라

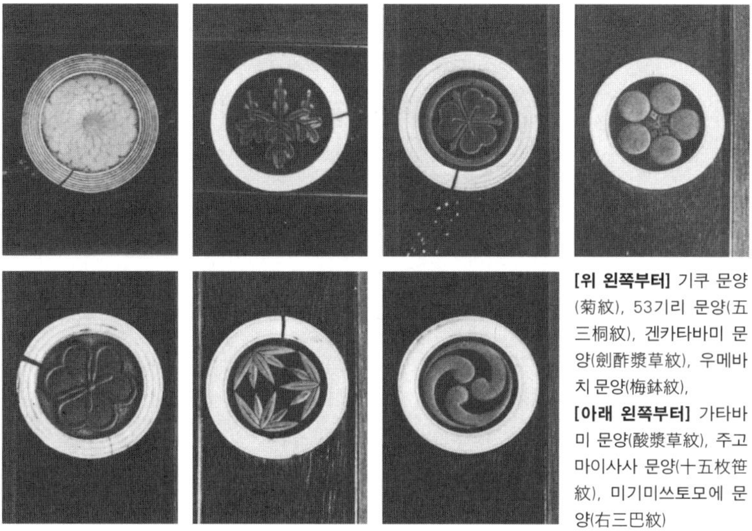

[위 왼쪽부터] 기쿠 문양(菊紋), 53기리 문양(五三桐紋), 겐카타바미 문양(劍酢漿草紋), 우메바치 문양(梅鉢紋),
[아래 왼쪽부터] 가타바미 문양(酸漿草紋), 주고마이사사 문양(十五枚笹紋), 미기미쓰토모에 문양(右三巴紋)

서 이 접는 쟁은 헤이안시대의 것으로는 생각되지 않는다. 오히려 작자가 봉황당의 미쓰토모에 문양이 있는 북(三巴太鼓)의 모양을 사용했다고 생각할 수 있다.

그런데 일곱 가지 문양을 왼쪽 끝부터 생각해 보면 우선 기쿠 문양(菊紋, 국화 문양)이 있다. 이것은 흰 조가비를 조각한 훌륭한 문양인데 지금까지와 비교할 것이 없는 유일무이한 것이다. 기쿠 문양은 천황가의 문양으로 유명한데 꽃잎이 16개이다. 이것을 이중으로 한 것이 야에키쿠 문양(八重菊紋)이고 삼중으로 한 것이 규주키쿠 문양(九重菊紋)이다. 그런데 이것은 사중으로 되어 있고 꽃잎의 수가 무려 64개나 되는 초호화판이다.

원래 천황가는 지쓰게쓰 문양(日月紋, 해와 달 문양)을 사용했었는데, 기쿠 문양이 천황가의 문장(紋章)이 된 것은 가모 초메이의 후원자인, 고토바인(後鳥羽院)이라고도 불리는 고토바 상황때문이다. 고토바인은 자신의 도검에 기쿠 문양을 붙이고 의복이나 그림이나 온갖 일용품에 이를 붙였다. 조큐의 난(承久의 亂)[4]의 난을 일으킬 정도의 인물이기 때문에 천황가의 부흥을 위해 기쿠 문양을 특히 좋아했다고 한다. 후에 아시카가 다카우지(足利尊氏)[5] 집안 등이 기쿠 문양을 하사받고 애용했지만, 덴쇼(天正) 19년(1591)에 기쿠 문양과 기리 문양(桐紋, 오동나무 문양)의 금지령이 나왔다.

그런데 그 옆의 문양이 유명한 53기리 문양(五三桐紋)이다. 아래쪽이 잎이고 위쪽이 꽃이며 꽃의 수가 3, 5, 3이라서 53기리 문양으로 이름이 붙여졌다. 기리 문양이 유명하게 된 것은 중국의 시경(詩經)[6]때문이다. 봉황이 오동나무숲에서 대나무 열매를 먹고 자란다는 것으로, 기리 문양도 또한 천황가의 문장이 되었다.

고토바인 뒤에 고다이고 천황(後醍醐天皇)[7]이 기리 문양을 애용하였고, 또 오다 노부나가(織田信長, 1534~1582)[8]나 도요토미 히데요시(豊臣秀吉, 1536~1598)[9]도 이 문양을 애용했다. 기쿠 문양과 기리 문양은 권력자의 상징이었다. 그런데 이 접는 쟁의 기리 문양은 아래쪽 잎의 끝이 셋으로 갈라져서 후세의 53기리 문양과 전혀 다르다. 역시 유일무이의 것으로 다른 예가 없다.

가문(家紋)의 디자인은 후세로 갈수록 상징적인 문양으로 변천하였다. 현재 우리가 보는 53기리 문양은 에도기의 것인데 이처럼 잎이 갈라진 것은 에도기의 것은 아니다. 히데요시 시대에 사용되었던 히쇼기리 문양(飛翔桐紋) 또는 다이코 문양(太閤紋)[10]이 그에 가깝다. 이 기리 문양으로만 이야기하면 칠보로 장식된 접는 쟁은 아즈치모모야마(安土桃山)시대[11]나 또는 그 이전의 느낌이 강하다.

다음은 가타바미 문양(酢漿草紋)인데, 이것은 우메 문양(梅紋, 매실 문양)의 오른쪽에 있는 것이며 왼쪽에 검(劍)을 가진 것은 겐카타바미 문양(劍酢漿草紋)이라 불리고 있다. 인세이(院政)[12]시대에는 이미 대귀족의 구루마 문

16기쿠 문양 (十六菊紋)	야에기쿠 문양 (八重菊紋)

규주기쿠 문양 (九重菊紋)	지쓰게쓰 문양 (日月紋)

히쇼기리 문양 (飛翔桐紋)	다이코 문양 (太閤紋)

양(車紋)[13]으로 사용된 기록이 있고「다이헤이키(太平記)」에는 닛타 요시사다(新田義貞)가 이 문양을 사용했다고 쓰여 있다. 두 가지 모두 가타바미 문양으로서는 오래된 형태다. 에도시대 오가타 고린(尾形光琳)[14]의 가타바미 문양 등으로 활발하게 변형되었다.

다음의 우메바치 문양(梅鉢紋)은 유명한 스가와라노 미치자네(菅原道眞)[15]와 관계된 문양이다. 덴만구(天滿宮)[16]의 문장이고 가마쿠라시대에 확립되었다. 센고쿠시대에는 인기가 절정에 달해 미노노쿠니(美濃國)[17]의 사이토(齊藤)[18] 일족은 일문일족(一門一族)이 모두 우메바치 문양(梅鉢紋)를 사용했다. 도쿠가와시대가 되면서 마에다 가(家)를 비롯한 많은 무가가 이 문양을 사용하였다. 특히 이 접는 쟁의 그림에 고목 매화의 자주색 담(古梅紫垣)이 있어서 그와 관련해서 고찰될 필요가 있다.

오른쪽에서 두 번째의 주고마이사사(十五枚笹)는 정확하게는 주고마이마루사사(十五枚丸笹)라고 한다. 사사(笹)는 대나무와 비슷하며 세죽(細竹)이라고도 하는데, 가마쿠라시대에는 구루마 문양(車紋)으로 많이 사용되었다. 대나무는 봉황과의 관계로 경사스러운 식물로 인정받고 있다. 이 주고마이마루사사의 기원은 불분명하다.

맨 오른쪽 끝의 도모에 문양(巴紋, 소용돌이 치는 문양)은 그 기원이 일본산이라는 설과 외국산이라는 설 외에 여러 가지 설이 있어서 확실하게 알 수 없다. 귀족에서는 사이온 지케(西園寺家)[19]의 가문(家紋)으로 유명한데 그것은 접는 쟁의 북과 똑같이 왼쪽 방향의 히다리토모에 문양(左巴紋, 왼쪽으로 도는 소용돌이 문양)이다. 북이 히다리토모에 문양이고 동체 양쪽 측면의 도모에 문양이 미기토모에 문양(右巴紋, 오른쪽으로 도는 소용돌이 문양)인 점에서 본다면, 이 3개의 도모에 문양에 깊은 의미가 없다고 말할 수도 있을 것이다.

이상의 추측에서 전해지는 가모 초메이의 접는 쟁은 가마쿠라시대의 작품이라고 하는 것보다는 무로마치시대부터 아즈치모모야마시대의 작품이라고 할 수밖에 없고, 작자는 가모 초메이의 『호조키(方丈記)』에서 아이디어를 얻어 제작한 것으로 생각된다. 이렇게 모방으로 작품을 만드는 것이 가능했던 것으로 보아 제작자는 자산이 대단히 풍족한 사람이었다고 상상된다.

1 도로(泥, 니) 칠보: 당토(唐土), 백옥(白玉) 등을 섞은 특유의 유약(대부분 불투명 유약이지만 현재 사용하는 불투명 유약과는 다름)을 사용하여 광택이 적으며, 헤이안시대~에도시대에 많이 사용한 칠보 기법이다. 바그너에 의해 투명 유약이 개발된 후 메이지 10년경부터는 작품만 남아 있고 유약 및 소성 관련 자료가 없어졌는데, 헤세 4년(1992)에 문화청에서 옛 것을 살리자는 취지에서 일본공예회칠보작가회에 도로 칠보의 재현을 의뢰하였고, 재현에 성공하여 현재 도로 칠보 작품을 주로 만드는 작가도 있다.

2 구기카쿠시(釘隱): 격식 있는 일본풍의 주택에서 기둥과 나게시(상인방)가 교차하는 부분에 박는 큰 못의 머리가 보이지 않게 씌우는 장식. 구기오이(釘覆い)라고도 한다. 기본적인 기쿠자(菊座)와 좌금(座金) 외에 조각, 칠보 등으로 장식하기도 하며 나무, 철, 동 등이 사용되기도 한다.

3 쇼주라이고우즈(聖衆來迎圖): 사람의 임종시 극락정토의 아미타여래가 죽은 사람을 맞으러 나오는 장면을 그린 그림

4 조큐의 난(承久의 亂): 가마쿠라시대 조큐(承久) 3년(1221)에 고토바 상황이 가마쿠라 막부에 패배한 병란(兵亂). 가마쿠라 막부와 상황 중심의 공가(公家) 정권의 이두(二頭) 정치가 막부로 주도권이 넘어가서 막부가 황위 계승 등 영향력을 갖게 되자 고토바 상황이 난을 일으켰으나 패배하였다.

5 아시카가 다카우지(足利尊氏): 가마쿠라 후기에서 난보쿠초(南北朝)시대의 무장

6 시경(詩經): 중국 최고(最古)의 시집. 황하 유역의 여러 나라 및 왕궁에서 불려졌던 시가(詩歌) 305편을 수록한 것으로 유교의 경전인 서경(書経), 역경(易経), 춘추(春秋), 예기(礼記)와 함께 오경의 하나이다.

7 고다이고 천황(後醍醐天皇): 가마쿠라 후기부터 난보쿠초(南北朝) 초기의 남조의 초대 천황

8 오다 노부나가(織田信長, 1534~1582): 센고쿠·아즈치모모야마시대의 무장. 1576년에 긴키(近畿) 지방을 평정하고 천하 통일을 눈앞에 두었으나, 혼노지(本能寺)에서 부하의 반역으로 죽임을 당했다.

9 도요토미 히데요시(豊臣秀吉, 1536~1598): 아즈치모모야마시대의 무장이자 정치가. 천하 통일을 이루고, 근세 봉건 제도의 확립을 위해 여러 정책을 실시하였다. 임진왜란을 일으켰으나 실패했다.

10 다이코 문양(太閤紋): 다이코(太閤)란 셋쇼다이진(攝政大臣)과 다이조다이진(太政大臣)에 대한 경칭인데, 후에 간파쿠를 아들에게 물려준 사람의 높임말로 되었고, 도요토미 히데요시를 지칭하기도 한다.

11 아즈치모모야마(安土桃山)시대: 오다 노부나가(아즈치시대, 1573~1582)와 도요토미 히데요시(모모야마시대, 1582~1598)가 중앙 정권을 장악한 시대. 노부나가(織田信長)와 도요토미 히데요시(豊臣秀吉)의 첫 자를 딴 쇼쿠호(織豊)시대라고도 한다.

12 인세이(院政): 헤이안 후기에 시라카와(白河)·도바(鳥羽)·고시라카와(後白河) 3대의 상황에 의한 인세이(院政)가 행해졌던 시대를 말한다. 인세이란 천황이 후계자에게 양위한 후 상황이 된 후에도 계속 정무를 보게 되는 것이며, 이후 상황의 국정장악으로 무가정권과 대립하게 되었다.

13 구루마 문양(車紋): 구루마 문양이란 마차 바퀴를 형상화하여 가문(家紋)으로 사용한 것이다. 가타바미 문양이 다양한 구루마 문양 중의 하나로 쓰였다.

14 오가타 고린(尾形光琳): 에도의 화가, 공예가

15 스가와라노 미치자네(菅原道眞): 조와(承和) 12년(845)~엔기(延喜) 3년(903) 헤이안시대

의 귀족으로 학자이자 정치가, 한시인(漢詩人)으로 활동했다.

16 덴만구(天滿宮): 오사카 북구에 있는 스가와라노 미치자네를 모신 신사

17 미노노쿠니(美濃國): 현재 기후현(岐阜県)인 도산도(東山道)에 속했던 지방행정구분의 하나

18 사이토(齊藤): 무로마치시대에 미노(美濃) 지역을 수호하던 일족

19 사이온 지케(西園寺家): 현재 에히메현(愛媛県)인 이요노쿠니(伊子國)의 남서부 일대에 세력을 가졌던 무가(武家)였다.

제10장

중세의 칠보를 탐색하다

중세 사카이(堺)의 번화한 모습

오늘날 칠보는 액세서리나 배지(badge)로 대중화되어 누구라도 만들거나 살 수 있는 물건이지만, 예전에 칠보는 극히 일부의 사람들, 즉, 천황이나 귀족의 독점물이었다.

거기에서 유례가 드문 보물로서의 칠보관이 탄생되고 전설적인 칠보 작품도 등장한다. 가모 초메이의 접는 쟁 외에도 전설을 동반하는 칠보 제품들이 있다.

그중 하나가 후지와라 히데사토(藤原秀鄕)가 의장용으로 허리에 차던 다치(太刀)이다. 이 다치의 일부에 정교한 유리(瑠璃) 세공이 되어 있는데 그것은 분명히 중세 일본의 칠보 제품의 하나이다. 후지와라 히데사토는 헤이안 중기의 시모쓰케(下野) 호족이었다. 시모쓰케는 지금의 도치기현(栃木縣)인데, 원래 히데사토는 평판이 좋지 않은 인물이었다.

그가 역사에서 유명해진 것은 자신과 같은 토착 무사인 이바라키현(茨城縣)의 다이라 마사카도(平將門)를 쳐서 멸망시켰기 때문이었다. '마사카도의 난(亂)' 이야기는 「쇼몬키(將門記)[1]」에 상세히 적혀 있는데 그 공로에 의해 진주후쇼군(鎭守府將軍)[2]에 임명되었다. 그는 활과 칼을 잘 썼으며 '지

명나라시대의 칠보 화병

잇큐와쇼(一休和尙) • 무로마치 시대의 승려이자 시인

아시카가 요시미쓰(足利義滿)

네 퇴치 이야기' 등 옛날부터 가무연극의 주인공이 되기도 하였다. 별칭은 다와라 도타(俵藤太)[3]이다.

아무튼 히데사토는 용맹스럽다고 이름을 떨친 마사카도를 친 인물로 후세의 무인들로부터 신처럼 숭상 받았다. 그런 무인들의 지원 속에서 이 칠보 의장용 다치가 등장한다. 돈과 공을 많이 들여서 만든 검이므로 역시 전설이 필요했을 것이다.

어떻든 이 다치도, 칠보 접는 쟁도 원래 황실에서 사용되거나 전해 내려오는 물건인 교부쓰(御物)였다고 한다. 그런 사정은 지금도 계속되고 있어서 궁내청 관할의 신보(神宝), 봉납품(奉納品) 등을 두는 건물인 여러 보전(宝殿)에는 다양한 칠보 제품이 풍부하게 수장되어 있다.

일본 문헌상에서 보면 칠보라는 용어가 현재 우리가 사용하는 칠보와 같은 의미가 된 것은 무로마치 막부의 6대 쇼군인 아시카가 요시마사(足利義政)[4] 시대부터였다. 요시마사는 전란(戰亂)이 계속되는 시대에 막부 재정이 궁핍한데도 불구하고 교토 히가시야마(東山)[5]에 긴카쿠(銀閣)를 만들고, 서화공예(書畵工藝)는 물론이고 그 외에 온갖 것에 손을 댔다.

이 시대를 히가시야마시대라 칭하게 된 연유이며, 그는 이렇게 미술공예의 황금시대를 꿈꿨던 것이다. 또 명나라에서 진품을 수입했다고도 알려져 있다. 그 즈음 명나라에도 점차 칠보가 활발해져서 중국제 칠보도 많이 수입되었다.

당시 여러 가지 미술공예를 감정하는 사람을 '메키키(目利き)'라 불렀는데, 아시카가 요시마사가 데리고 있던 소 아미(相阿弥)[6]라는 메키키도 있었다. 소 아미가 아시카가 요시마사의 서화 골동을 감정해서 기록한 것이 「군다이칸소우초키(君台觀左右帳記)[7]」이다. 그 속에

「1. 따스야오(大食窯)[8]

1. 귀궈야오(鬼國窯)[9]

1. 싯포루리(七宝瑠璃), 앞의 것과 같으며 당시 알려진 바는 없으나 상감은 뒤떨어지지 않는 좋은 물건이옵니다」라는 문장이 있는데, 소 아미는 이미 칠보의 명나라 호칭인 따스야오(大食窯), 귀궈야오(鬼國窯)와 칠보유리(싯포루리)가 같은 것임을 알고 있었다는 것을 시사한다. 또 소 아미의 『오카자리키(御飾記)[10]』에는 「이 어전(御殿)에 10월부터 화로를 놓고 칠보유리(七宝琉璃)를 펴서 대(台)에 올려놓고, 화젓가락도 칠보…」라고 쓰여 있는데, 칠보 유리라는 말 외에도 칠보만 적는 경우가 여기저기 조금씩 보이다가 점차로 칠보라는 단어가 자립해 가는 과정을 이해할 수 있다.

최초에 칠보는 「도쇼쿠루리(塗飾琉璃, 『료노기게(令義解)』[11]에서)」로 적었고, 헤이안 말기에는 「루리이토(琉璃以塗, 『다이키벳키(台記別記)』[12]에서)」로 적다가 무로마치시대에 이르러 겨우 「칠보 유리」, 「칠보」라고 적게 되었으니, 600여 년의 세월이 흐른 것이었다.

칠보의 기록으로서 재미있는 것은 교토 쇼코쿠지(相國寺)[13]의 문서이다. 쇼코쿠지는 에이토쿠(永德) 3년(1383)에 아시카가 요시미쓰(足利義滿,

참외 그림 유선 칠보 칼코등이(真桑瓜圖有線七宝鐔)

1358~1408)[14]가 건립한 임제종(臨濟宗)의 본산인데 이 절 안에 로쿠안인(鹿苑院)[15]이라 불리는 구역이 있고 거기에 인료켄(蔭凉軒)[16]이 있다.

무로마치 막부는 대대로 겐슈(軒主)로 하여금 정치·경제·문화·외교 등 온갖 일들의 공용 일기를 기록하게 했다. 이것을 『인료켄니치로쿠(蔭凉軒日錄)』라 부른다. 기케이 신즈이(季瓊眞蘂)가 겐슈로 있을 때, 간쇼(寬正) 3년(1462) 3월 14일 기록으로서 「가쓰라리큐(桂離宮)의 쇼센켄슈(松泉軒主)가 행차하셨다가 가실 때 칠보 화병 하나를 주셨다」고 하는 문장이 있는데, 이 「칠보 화병」이 일본산인지 수입한 명나라의 것인지 이 기사만으로는 알 수 없다.

그러나 무로마치 막부부터 일본의 미술공예는 눈부신 발달을 이루었고 요시마사 등의 두터운 보호·육성에 의해 공예 기능의 명인, 달인이 배출되었다. 이런 활황을 더욱더 잘 반영한 것이 「사카이(堺)」였다.

사카이와 칠보의 관련에 대해 논하기 전에 사카이가 어떻게 엄청난 부(富)를 축적하는 것이 가능했을까, 그 배경에 대해 말하고 싶다. 사카이는 가마쿠라 중기까지는 황실령의 사카이 별장으로 별로 알려져 있지 않은 곳이었다. 교토 구교(公卿)들이 데운 바닷물로 목욕하는 곳 정도로 밖에 생각되지 않았다.

원래부터 바닷가 마을이기 때문에 어부가 많아서 후릿그물[17]이 성행했다. 이런 사카이가 역사의 주역으로 각광을 받게 된 계기는 아침 시장이었다.

사카이 출신의 센노리큐(千利休)

소 아미(相阿弥)가 만든 료안지(龍安寺)의 돌로 이루어진 정원(石庭)

원래는 생선과 야채를 교환하던 시장이었는데 스미요시신사(住吉神社)[18]와의 관계로 물자 교환 시장으로 확대된 것이 발전의 계기가 되었다. 난보쿠초(南北朝) 내란[19] 즈음부터는 군항 및 상업항으로 발달하여 눈 깜짝할 사이에 원나라, 명나라와의 무역항이 되었다.

그 세력의 절정은 오우치 요시히로(大內義弘)[20]가 사카이를 점령하고부터이며, 아시카가 요시미쓰를 비롯한 전국의 다이묘들을 초대하여 이즈미(和泉)[21]와 사카이(堺)간에 벌린「이즈미사카이이누오우모노(和泉堺御犬追物)」를 행한 때일 것이다.

이누오우모노(御犬追物)란, 말을 탄 상태에서 달리는 개를 쏘아 맞추는 경기이다. 이 기세로 두려움이 없어진 막부는 사카이를 정벌하려 했다. 사카이측은 16초(町, 1町 = 사방 약 100m의 면적)의 요새를 만들고 정루(井樓)[22] 48, 야구라(矢倉)[23] 1,125라는 전대미문(前代未聞)의 물량으로 방위진(防衛陣)을 구축했다. 5천 명의 병사와 1만 시민의 방어전이었으나 막부군의 방

화때문에 사카이는 타버린 들판이 되고 오우치 요시히로는 패배했다.

그 후 사카이는 호소가와(細川)씨의 슈고지(守護地)[24]가 되기 전까지도 계속 상업항으로 발달하여, 견명선(遣明船)[25]도 사카이항에서 발착(發着)하였다고 한다. 상공업의 발달도 눈부셔서 직물업, 유업(油業), 칠예(漆藝, 옻칠공예), 주예(鑄藝), 단조(鍛造)[26]등에서 특히 명인이 배출되었다.

칠예(漆藝)에는 슌케이(春慶)가 나와서 그의 새로운 양식이 인기가 있었고, 야마가와 스케요리(山川助賴)의 도검과 와니구치(鰐口)[27] 등은 지금도 남아 있다. 사카이의 날붙이는 특히 유명했다. 이렇게 군항, 상공업 등의 산업이 발달함에 따라 연공(年貢)[28]의 운송, 보관, 매매를 업으로 하는 도이마루(問丸)[29]가 생겼다.

도이마루는 필연적으로 은행업을 낳고 고리대금업을 만들어 낸다. 이러한 자본과 창고업이 일체가 되어 거액의 자본이 축적되고 그 자본에 의해 사카이는 중국, 조선, 류큐(琉球)[30] 등과 무역을 해서 거의 독점적인 큰 이익을 획득했다.

유카와(湯川), 이케나가(池永), 쓰다(津田), 휴가(日向), 오와(尾和) 등의 무역업자는 사카이의 번영에 의해 거부가 되었으며, 사카이의 호상(豪商)들은 그 자산으로 이 지역에 독특한 문화적 풍토를 형성시켰다.

다도, 렌가(連歌)[31], 사루가쿠(猿樂)[32], 서화(書畵), 고우타(小唄)[33] 등이 그것인데, 유명한 센노리큐(千利久, 1522~1591)[34]도 사카이의 창고업 출신이다. 이들 호상은 해자를 두른 저택을 지었다. 세련미를 갖춘 정원과 다실이 있는 이들의 저택은 그대로 대사원으로 통용되었는데, 오와 소린(尾和宗臨)이 자신의 저택을 다이토쿠지(大德寺) 별원(別院)으로 기증한 것은 좋은 예이다.

남만무역(南蠻貿易)[35]에 성공한 나야 스케자에몬(菜屋助左衛門)은 필리핀 최대의 섬인 루손을 따서 루손 스케자에몬이라는 별칭으로 불렸는데,

아시카가 요시마사(足利義政)가 세운 긴카쿠(銀閣)

명나라시대의 칠보 화병 • 꽃을 한 가지씩 꽂게 되어 있다.

아즈치모모야마시대에 활약한 사카이의 무역상이다. 그가 가지고 돌아온 항아리 등의 물건을 히데요시가 사들여 큰 이익을 독차지했는데, 후에 히데요시의 미움을 사는 바람에 캄보디아로 이주해서 활약했다.

스케자에몬은 사카이를 떠나며 자신의 저택을 다이안지(大安寺)에 기증했다고 전해진다. 그 정원에는 진귀한 꽃들이 심어져 있고 거실은 칠보로 아로새겨져 있으며, 당대의 명공 가노 에이토쿠(狩野永德)[36]가 단청 기술을 자유롭게 구사하여 후스마(襖)[37]와 장벽화(障壁畵)[38]를 장식한 사카이의 대표적 건축물이라고 한다.

거실을 온통 칠보로 장식했다고 하니, 당연히 이것은 후스마의 오목손잡이(引手)나 구기카쿠시(釘隱) 등 건축용의 칠보 금구이며 그렇다면 일본인 밖에 만들 수 없는 물건이다.

1 쇼몬키(將門記): 덴교(天慶) 3년(940) 다이라 마사카도의 난이 끝난 후 쓰여진 군기 소설

2 진주후쇼군(鎭守府將軍): 나라·헤이안시대에 진주후(해군의 근거지로 함대의 후방을 통할한 기관)의 지휘관

3 다와라 도타(俵藤太): 오토기조시(御伽草子)의 타와라도타 모노가타리(俵藤太物語)에서 용맹스러운 주인공의 이름이 타와라도타 히데사토(田原藤太秀郷)였기에 이를 빗대서 사용하였다.

4 아시카가 요시마사(足利義政): 무로마치 중기~센고쿠시대 초기의 8대 쇼군으로 1490년 사망했다.

5 히가시야마(東山): 교토 동쪽에 있는 산의 총칭

6 소 아미(相阿弥): 무로마치 후기의 화가

7 군다이칸소우초키(君台觀左右帳記): 무로마치시대에 노 아미(能阿弥)가 저술하고 소 아미(相阿弥)가 집대성한 비전서(秘伝書). 서원(書院)의 객실 장식 방법, 여러 도구에 관해 기록되어 있다.

8 따스야오(大食窯): 중국 유선 칠보

9 귀궈야오(鬼國窯): 중국 유선 칠보

10 오카자리키(御飾記): 장식품을 걸거나 올려놓아서 도코노마(床の間)를 장식하는 법을 적은 책. 도코노마는 방의 한쪽을 한 단 높게 하여 장식품을 놓거나 걸거나 꽃 등으로 장식하는 공간을 말하며 중세 쇼인즈쿠리(書院造り)의 발달과 함께 생겼다.

11 료노기게(令義解): 요로율령(養老律令)의 공식적인 해설서이다. 요로율령(養老律令)은 다이호(大宝) 원년(701)에 만든 다이호율령(大宝律令)을 요로(養老) 2년(718)에 후지와라노 후히토(藤原不比等) 등이 보완하여 편찬한 율(律) 10권, 령(令) 10권의 법전이다.

12 다이키벳키(台記別記): 후지와라 요리나가(藤原頼長)가 일기(日記)와는 별도로 주요사항을 기록해 놓은 것

13 쇼코쿠지(相國寺): 교토 가미교구(上京區)에 있는 임제종의 본산

14 아시카가 요시미쓰(足利義滿, 1358~1408): 무로마치 막부 제3대 쇼군

15 로쿠안인(鹿苑院): 쇼코쿠지에 아시카가 요시미쓰의 수선도량(修禅道場)으로 지은 곳

16 인료켄(蔭凉軒): 로쿠안인 남쪽 건물

17 후릿그물: 그물을 넓게 둘러친 후에 양쪽에서 끌줄을 잡아당겨 물고기를 잡는 큰 그물

18 스미요시신사(住吉神社): 오사카시 스미요시구(住吉区)에 있는 신사

19 난보쿠초(南北朝) 내란: 제96대 고다이고 천황은 1333년에 가마쿠라 막부를 타도하여 겐무(建武) 정권을 수립하는 데 성공하였으나, 1335년 호조토키유키(北條時行)의 반란군 진압군으로 파견된 아시카가 타카우지(足利尊氏)의 반역으로 멸망한다. 아시카가 타카우지는 고묘(光明) 천황을 옹립하여 호쿠초(北朝)를 개설하였다. 고다이고 천황은 자신이 천황임을 주장하면서 난초(南朝)를 개설하였으나 호쿠초에 패배하였다. 현재 아키히도 천황은 호쿠초(北朝)의 후예이다.

20 오우치 요시히로(大內義弘): 난보쿠초(南北朝)·무로마치 초기의 무장

21 이즈미(和泉): 현 오사카 남부

22 정루(井樓): 목재를 井자 모양으로 높이 세워서 적의 동태를 살피기 위해 만든 망루

23 야구라(矢倉): 무기 창고

24 슈고지(守護地): 가마쿠라·무로마치 막부가 무가의 직제로 설치한 군사지휘관, 행정관인 슈고가 지토(地頭)를 감독하는 지역

25 견명선(遣明船): 명나라에 보내는 배

26 단조(鍛造): 금속에 열을 가해 두들겨 모양을 만드는 일

27 와니구치(鰐口): 동으로 만들어 신사나 불당의 추녀에 매달아 놓고 줄을 당겨 치는 방울

와니구치

28 연공(年貢): 영주가 백성에 부과하는 조세로서, 주로 쌀로 내기 때문에 연공미라 칭한다.

29 도이마루(問丸): 항만이나 중요 도시에서 연공미(年貢米)의 보관, 위탁 판매, 상품 중개업, 여관을 겸한 사람을 말하며 에도시대에 화물 운송업자인 도이야(問屋)로 발전하였다.

30 류큐(琉球): 현재의 오키나와

31 렌가(連歌): 중세 일본의 시가(詩歌)의 한 형태. 보통 두 사람 이상이 모여, 와카(和歌)의 윗 구절과 아랫 구절을 번갈아 읊어 나가는 형식의 노래다.

32 사루가쿠(猿樂): 무로마치시대까지의 잡예(雜芸)의 총칭이며 노가쿠(能楽)의 옛 이름

33 고우타(小唄): 사미센 음악의 일종

34 센노리큐(千利久, 1522~1591): 센고쿠시대~아즈치모모야마시대의 상인. 와비차의 완성자로 다성(茶聖)으로 일컬어진다. 도요토미 히데요시의 미움을 사서 할복자살 명을 받아 죽었다.

35 남만무역(南蠻貿易): 유럽(특히 포르투갈, 스페인)이나 동남아시아 사람들을 남만인(南蠻人)이라고 하며, 그들이 타고 온 선박을 남만선(南蠻船), 그들과의 무역을 남만무역이라고 하였다.

36 가노 에이토쿠(狩野永德): 아즈치모모야마시대의 화가

37 후스마(襖): 일본의 건축에서, 나무틀을 짜서 양면에 두꺼운 헝겊이나 종이를 바른 문을 지칭한다. 습기와 통풍을 조절하며, 바람과 추위를 막기도 한다. 쇼지(障子)는 한옥의 장지문에 해당하며 격자나무틀에 반투명 창호지를 발라 외부와 방을 칸막이하는 미닫이문과 미닫이 창문이다. 창호지를 통해 들어온 햇빛이 집 전체에 부드럽게 퍼진다. 가마쿠라(鎌倉, 1192~1333)시대에 처음 나타난 쇼인즈쿠리(書院造) 건축 양식의 한 특징이다.

후스마(襖)

쇼지(障子)

38 장벽화(障壁畵): 건물의 후스마나 벽면 등에 그림을 그려 생활 공간을 채색하는 그림의 총칭

장벽화(障壁畵)

제11장

모모야마시대의 칠보 기술

네덜란드 상선(商船)의 수출입 풍경

지금 일본에는 수많은 고전 칠보가 남아 있다. 그 중 뵤도인(平等院)이나 만슈인(曼殊院)[1], 니코(日光) 도쇼구(東照宮) 등에 옛날 그대로 남아 있는 것도 많지만, 개인이 소유하고 있는 고전 칠보도 적지 않다. 시내의 유지들이 갖고 있는 물건 가운데 의외의 가치가 있는 것이 있어 놀란 적이 있는데, 일본에서 개인 수집가로서 최고는 누가 뭐라 해도 칠보 컬렉터(collector)인 호소미 료(細見良)[2]일 것이다.

그는 수많은 고전 칠보를 소유하고 있는데 그 대부분은 출처가 불분명하다. 열렬한 칠보 수집가라서 자연스럽게 모은 물건이므로 유명한 것 외에는 어느 시대에 누구에 의해 제작되었고, 어디에 사용되었는지는 거의 모른다. 그 수집품 중에는 틀림없이 사카이 호상들의 대저택을 장식했던 것도 있을 것이다. 그러나 그것을 증명할 방도가 없다.

모모야마시대는 일본의 칠보가 우아하게 활짝 핀 획기적인 시대였다. 왜 그 시대에 칠보가 성행하게 된 것일까.

정치적으로 모모야마시대는 도요토미 히데요시가 정권을 잡고 있던 약 20년간을 가리키는데, 미술사적으로 이전까지의 수묵산수화(水墨山水畵)적인 정(靜)의 시대를 극복하고 지금까지 보지 못했던 밝고 동적인 색채가 풍부한 예술을 만들어 냈다.

대서원을 건축할 때 장벽화(障壁畵)의 발달이 있었기에 칠보 손잡이(引手)나 칠보 구기카쿠시(釘隱)가 등장할 수 있었던 것인데, 금박이 뚜렷한 장벽화야말로 칠보 등장의 방아쇠가 되었던 것이다. 그러나 그에 앞서 일본 칠보 공예가들의 기술 연찬이 있었기에 각광받을 수 있었다는 것을

오다 노부나가(織田信長)

도요토미 히데요시(豊臣秀吉)

잊어서는 안 될 것이다.

도요토미 히데요시는 센노리큐(千利久)를 비롯해 많은 기예가를 측근으로 두었는데, 그중에 히라타 히코시로 도닌(平田彦四郎道仁)[3]이라는 사람이 있었다. 이 사람에 관해 구리하라 노부미쓰(栗原信充)는 『잔코후랴쿠(鏨工譜略)[4]』에서 「칠보사 히라타 도닌(平田道仁)은 게이초(慶長, 1596~1614년) 때 조선인으로부터 칠보 기술을 배웠다」라고 썼다.

히라타 도닌(1591~1646)은 원래 교토의 금구사(金具師)였다. 즉 금공사였다. 그런데 명령에 따라 조선인으로부터 칠보를 배웠다는 것이다. 이것은 실제와는 다르다. 일부러 조선에서 습득하지 않아도 이미 일본의 금공사들은 사카이의 호화 저택을 칠보로 장식하는 기량을 지니고 있었다.

또 이 시대에 조선에서 칠보가 성행했다는 사실이 없다. 조선의 칠보는 언제나 중국의 기술을 받아들이고, 오히려 중국의 칠보 제품을 그대로 수용하고 있었기 때문에 일본의 칠보처럼 독자적인 발달을 이루지 못

네 꽃잎 문양 오목손잡이(引手) • 가쓰라리큐 중서원(中書院)

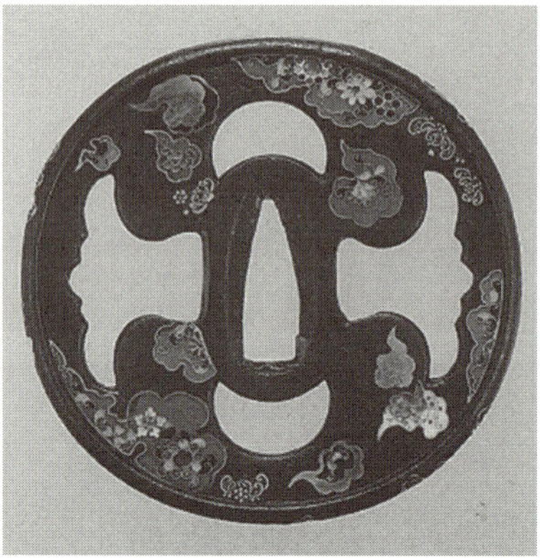

꽃과 구름 모양 칠보 칼코등이(花雲形七宝鐔) (중요문화재)

했다. 요컨대 구리하라 노부미쓰는 「당시 무엇이라도 새로운 것은 조선에서 건너왔다(朝鮮渡來)…라고 기술했다는 것」을 이야기한 것에 지나지 않는다. 오히려 그것은 도자기 등에 맞는 이야기로 생각된다.

현재 요시이 타다나오(吉井忠直)가 소장하고 있고 중요문화재로 지정된 고전 칠보 「꽃과 구름 모양 칠보 칼코등이(花雲形七宝鐔)」가 이름은 없지만 히라타 도닌의 작품이라고 생각된다. 이것은 작년(1881) 산토리미술관의 「일본 칠보전」에도 전시되었기 때문에 알고 있는 사람도 많을 것이다. 이것은 둥근형의 철소지로 만들었는데 상하에 반월형, 좌우에는 챙이 깊은 삿갓 모양을 투조하고, 남은 곳에 꽃과 구름 모양의 칠보를 배치한 것이다.

이것은 일본 칠보의 백미라고도 일컫는 걸작이다. 물론 전체의 아름다운 구성도 훌륭하지만 여기에 상감한 칠보의 뛰어남은 이루 말로 다할 수 없다. 나는 손에 들고 보았는데, 유약은 녹색, 적색, 흑색, 청자색, 골백색을 사용했고, 놀랍게도 녹색과 청자색이 각각 순수한 투명 유약이

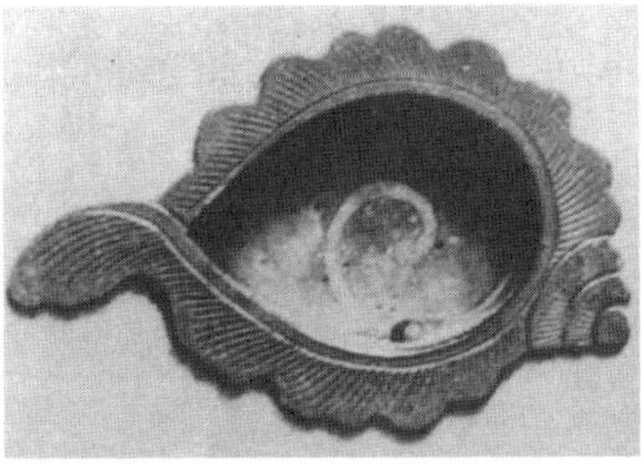

가쓰라리큐의 소라 모양 오목손잡이 • 가초(嘉長) 작품

었다. 어떻게 이 시대에 이런 아름다운 투명 유약이 있었는지 불가사의한 일이지만, 완벽한 배색을 살린 이 투명색이야말로 이 칼코등이의 아름다움의 출발점이었다.

칠보 연구가 스즈키 노리오(鈴木規夫)의 『일본의 칠보』에 의하면 이 칠보는 「금으로 모양을 만들어 거기에 금선을 붙여서 칠보를 한 후, 그것을 조각한 철제 바탕에 상감하여 연마한 것」이라고 되어 있다.

그러나 칠보 기법을 조금이라도 이해하는 사람이라면, 이 해석이 적절하지 못하다는 것을 확실하게 알 수 있다. 금보다 은이 투명색을 훨씬 더 반사하는 것은 당연하므로 이 칼코등이는 은으로 만든 오목부분(凹)에 은선을 붙이고 칠보 유약을 올린 것이다. 상감은 맥칠[5] 등을 사용했을 것이다. 표면을 연마한 후에 금도금을 한 것이다. 칠보를 알지 못하는 사람은 이것을 보고 순금 작품으로 간주할 것이 틀림없지만 칠보의 아름다움은 은에 의해서만이 이끌어낼 수 있는 것이다.

이 칼코등이에 사용된 적색 (불투명) 유약 역시 당시로서는 획기적인 것으로 사가이다 가키에몬(酒井田柿右衛門)[6]이 적색을 주로 사용한 자기를 발명한 간에이(寬永) 말년(1644)보다 십수 년 앞선 것이다. 적색 유약은 그 정도로 어려운 기술이었다.

히라타 도닌은 이 외에도 훌륭한 칠보를 만들어 냈는데, 같은 시대에 또 한 사람의 칠보사가 활약하고 있었다. 태어난 곳은 이요마쓰야마(伊子松山)[7]이며 히데요시의 부름에 의해 교토에 와서 호리카와(堀川)[8]의 아부라코지(油小路)에 살고 있던 가초(嘉長)[9]는 가쓰라리큐(桂離宮)의 칠보 손잡이

교토시의 가쓰라리큐(桂離宮) 전경

(引手)류를 제작했다. 현재 남아 있는 것은 쇼킨테(松琴亭)[10] 두 번째 방문의 두껍닫이[11] 오목손잡이인데, 두껍닫이에는 가노 탄유(狩野探幽)[12]의 수묵화가 그려져 있다. 그 칠보 오목손잡이는 동판을 고둥 모양으로 잘라서 주위에 가는 선을 새기고, 안쪽에 소용돌이 모양의 선을 붙여서 바탕은 엷은 도화색, 소용돌이에는 골백을 넣어 연마한 것이다. 이 외에도 가쓰라리큐에는 상감 칠보가 있다.

이 가쓰라리큐를 건축한 사람은 고보리 엔슈(小堀遠州)였다. 쇼킨테를 겐나(元和) 6년(1620)에 지었다고 알려져 있는데 엔슈가 칠보를 사용한 이유는 무엇일까. 그는 히데요시, 이에야스, 이에미쓰(家光) 등 3대의 쇼군을 섬긴 작은 다이묘였는데, 궁궐을 짓는 사람으로서 이 시대의 건축, 정원, 서화, 공예 등 모든 것에 정통한 아트 디렉터(art director)였다.

10세에 센노리큐(千利久)를 만나서 그의 위대함을 동경할 정도로 조숙했던 그가 당시 진취적 공예인 칠보를 매우 좋아한 것은 당연할지도 모

고보리 엔슈(小堀遠州) • 도요토미 히데요시와 도쿠가와 이에야스 및 이에미쓰를 섬긴 에도 초기의 다인(茶人)이자 건축가

칠보 십자가(모모야마시대)

른다. 그는 칠보로 장식된 배(舟), 칠보로 된 벚꽃 8개를 가지고 있었다고 목록 대장에 나와 있다. 고보리 엔슈의 아버지는 자주 전장(戰長)에 나갔는데, 짙은 감색의 실로 미늘[13]을 단 갑옷에는 칠보가 아로새겨졌다고도 전해진다.

한편 서양에서 칠보는 주로 기독교의 성구(聖具)로 발달하고 있었는데, 일본에서도 당연히 많은 기독교 계통의 칠보가 제작되었다. 그러나 게이초(慶長) 19년(1614)부터 기독교 금지령이 내려져 모두 폐기되고 말았는데, 마침 칠보 십자가 하나가 남아 있다.

이 십자가는 동으로 만들어진 유선 칠보로 백색, 벽돌색, 녹색, 자청 등의 유약을 사용해서 만든 것으로 고도의 기술로 만든 칠보 제품이다. 현재 오사카시립미술관에 소장되어 있는데 기독교가 성행했던 1600년대의 작품으로 생각된다.

막부는 게이초(慶長) 14년 네덜란드 상관(商館)[14]을 히라도(平戶)[15]에 열었

꽃 무늬가 들어간 오목손잡이 • 가쓰라리큐

국화와 접시꽃잎 모양(菊葵文) 오목손잡이 • 나고야성 조라쿠덴(名古屋城上洛殿) 슈가쿠인리큐(修學院離宮) 중다실객전(中茶屋客殿)

다. 도쿄대사료편찬소(東京大史料編纂所)에서 출판한 『히라도 네덜란드상관장 일기』에 재미있는 기록이 있다. 그것은 막부가 히라도 번주인 마쓰라 다카노부(松浦隆信)를 통해서 네덜란드에 칠보 제품을 주문한 주문서이다. 「이들 작은 상자 주위에 칠보를 입히고 바깥쪽에는 몇 마리의 새와 작은 시내 및 꽃이 있는 둥근형을, 또 다른 면에는 사슴 사냥 장면과 몇 마리의 개를 그리는데, 여기에 사람은 한 명도 들어가서는 안 된다. 그리고 이들 그림이 완성되면 필요에 따라 여러 가지 색으로 칠보를 입히지 않으면 안 된다. 칼코등이 두 개는 위에서 보면 둥근 형인데 여기에 동봉하는 종이에 그려져 있는 것과 똑같아야 한다. 위의 둥근형은 황제의 문장인데 거기에 특히 크게 확대해 놓았으며, 그 이유는 해바라기의 잎맥을 잘 볼 수 있게 하여 세세한 곳까지도 한층 더 완전하게 만드는 데 도움이 되도록 하기 위함이다. (중략) 세 개의 해바라기 잎 부분은 백색 바탕에 녹색의 칠보를 입히지 않으면 안 된다」 이 칠보 칼코등이 외에 향로, 술병, 술잔 등의 칠보 제품도 주문했다. 이것은 일본 칠보의 미숙함을 나타냈다기보다는, 일본 칠보의 아름다움에 자극받아서, 좀 더 변화된 형태의 네덜란드 칠보 기법으로 일본 그릇을 만들게 하여 비교해 보려는 호기심이었다고 나는 생각한다.

에도시대 전체를 통해서 히라타 가(家)의 칠보에는 7색의 투명 유약이 사용되었다. 이것은 정말로 불가사의한 일인데 해안의 모래 중에 존재하는 천연투명유리(석영유리)를 이용했다는 추리는 성립하지 않는다. 오목부분(凹)의 상감에 사용한 은은 750°C 이상이면 용해돼 버리는데 석영유리는 1000°C 이상이어야 용해되기 때문이다.

칠보 연구가 가와모토 마사카즈(川本正一)에 의하면 네덜란드 등에서 수입된 유리 제품(소다유리)의 파편을 부수어서 거기에 연단을 섞어 도가니에서 소성하면 손쉽게 납 성질의 투명 유약이 된다고 한다. 납유리는 비교적 저온에서 용해하기 때문에 은 칠보에는 최적이고 굴절률이 높아서 상감 칠보의 휘도(輝度)[16]를 높이는 데에도 적합하다. 사실 내가 본 히라타 집안의 칠보의 빛은 완전히 납유리 유약의 빛이었기 때문에 가와모토(川本) 설이 지금까지는 더욱 믿을만한 〈히라타 가(家)의 수수께끼〉를 푸는 열쇠가 되고 있다.

1 만슈인(曼殊院): 교토에 있는 천태종(天台宗)의 사원

2 호소미 료(細見良): 오사카 이즈미오쓰시에서 모직물로 부자가 된 실업가다. 장남인 호소미 미노루(細見實)와 손자 호소미 요시유키(細見良行) 등 3대가 수집한 동양 고미술품을 전시한 곳이 호소미(細見)미술관이다.

3 히라타 히코시로 도닌(平田彦四郎道仁): 현재 기후현(岐阜縣)인 미노노쿠니(美濃国) 출신이며 에도초기 교토의 칠보사이자 금공사였다. 도쿠가와 이에야스의 명에 의해 조선인에게서 칠보를 배웠다고 한다. 후에 도쿠가와 집안에서 칠보사로 일하며 히라타 칠보의 시조가 되어 11대까지 이어졌다. 기법은 중국 칠보와 같은 유선 칠보인데, 선명한 색조의 구름, 나비, 새, 후지산, 벚꽃, 단풍 등 일본적인 문양을 칼코등이, 작은 칼의 손잡이 등에 장식하는 유품이 많다.

4 잔코후랴쿠(鏨工譜略): 에도시대 텐포(天保) 15년(1844)의 미술, 공예에 관한 책

5 맥칠: 생옻에 소맥분을 섞은 것. 도자기, 칠기 등의 파손 부위 접착에 이용한다.

6 사가이다 가키에몬(酒井田柿右衛門): 사가현(佐賀縣) 아리타(有田)의 이마리야키(伊万里焼)를 대표하는 에도 초기부터 현재까지 14대에 걸친 도공 집안

7 이요마쓰야마(伊予松山): 현재 에히메현(愛媛縣) 마쓰야마시(松山市) 중심의 에도시대 번(藩)

8 호리카와(堀川): 교토시를 흐르는 요도가와(淀川)계의 하천

9 가초(嘉長): 에도 전기의 주물사로 건축물의 장식 금구류를 제작하였다.

10 쇼킨테(松琴亭): 가쓰라리큐(桂離宮)의 연못 동쪽에 있는 초가 시골집 풍의 찻집(茶席)

11 두껍닫이: 미닫이를 열 때, 문짝이 옆벽에 들어가 보이지 않도록 만든 것

12 가노 탄유(狩野探幽): 에도 초기(도쿠가와 시대) 가노파(狩野派)를 대표하는 화가

13 미늘: 갑옷에 단 비늘 모양의 쇠붙이나 가죽 조각

14 상관(商館): 다른 나라의 상인이 상업하는 곳

15 히라도(平戶): 나가사키(長埼)에 있는 지역 이름

16 휘도(輝度): 물체를 일정한 방향에서 보았을 때, 그 물체의 관측 방향에 수직인 단위 면적에 대한 밝기

제12장

히라타 도닌과 고보리 엔슈

포르투갈의 선교사 사비에르

모모야마시대부터 도쿠가와 초기에 걸쳐 일본 칠보 예술을 생각할 때 놓쳐서는 안 될 것은 히라타 히코시로 도닌과 고보리 엔슈 두 사람이다.

히라타 도닌은 도쿠가와 집안에 12대나 계속 고용된 칠보사의 원조이고, 그의 명작「꽃과 구름모양 칠보 칼코등이(花雲形七宝鐔)」는 현재 중요문화재에 지정되어 있다. 그러나 쇼호(正保) 3년(1646)에 56세로 죽었다는 사실과 교토에 있던 금공계보 정도밖에 알려져 있지 않다.

어느 책에 의하면 그는 조선인으로부터 칠보 기술을 배웠다고도 하고, 또 어떤 책에 의하면 네덜란드 사람으로부터 배웠다고 쓰여 있다. 모두 후세의 책이기 때문에 신뢰도는 낮다. 나는 당시의 여러 가지 기술 문헌의 통례에서 미루어 볼 때, 외래 기술 운운하는 것은 그 기술의 선전을 위한 것이 많기 때문에, 도닌의 경우에도 도래 기술을 운운하는 것이 선전된 냄새가 강하다고 생각한다.

지금까지의 연구에 의해서도 일본 칠보 기술은 단절하는 일 없이 이어져 왔기 때문에, 굳이 이 시대에 와서 외국에서 칠보 기술을 습득하지 않아도 충분했던 것이다.

최근의 칠보 연구가 가운데 중세에서의 일본 칠보 기법의 단절을 강조하면서, 예컨대 우지 뵤도인에 있는 칠보 금구조차 녹청에 지나지 않는다고 단언하고 있는 연구가도 있다. 나는 혹시나 하고 1956년 8월 뵤

후지산 모양(曼珠院富士形) 구기카쿠시 • 만슈인(曼珠院)

도인을 방문하여 이 칠보 금구를 구석구석 조사했다. 그 결과 이 칠보 금구는 산에 변하기 쉬운 도로(泥) 칠보계의 녹색 유약을 사용한 틀림없는 칠보라는 것을 확인했다. 그것이 녹청이라면 다른 부위에 녹청이 생기지 않는 원인을 설명하지 않으면 안 된다.

어떻든 일본 칠보의 단절을 강조하는 종래의 칠보 연구가의 생각은 재검토되어야 할 것이다. 또 하나 그것을 증명하는 사실이 있다. 고보리 엔슈와 관계된 자료가 그것이다.

고보리 엔슈는「엔슈 취향」이라는 말로 통칭되고 있다. 그는 이 시대 공예 최대의 메키키[1]였던 동시에, 자신도 차도구 등을 제작했다. 그러나 그의 본업은 후시미(伏見)[2] 부교(奉行)[3]인 동시에「고기사쿠지소부교(公儀作事總奉行)[4]」였다. 이를테면 교토뿐만이 아니라 나고야와 에도에서 공적인 공사(工事)라면 어디라도 달려가서 기획·제작했다.

그렇게 그의 지휘로 만들어진 것이 나고야성 조라쿠덴(上洛殿)이고 가쓰라리큐(桂離宮)이며 만슈인(曼殊院), 다이토쿠지(大德寺) 료코인(龍光院) 등

가쓰라리큐의 기쿠 문양 오목손잡이

나고야성 조라쿠덴의 오목손잡이

이다. 이들 건축물에 동일하게 칠보 금구가 사용된 것은 우연이라고 말할 수 없다.

그러나 중요한 것은 고보리 엔슈가 뽑은 칠보사가 히라타 도닌이 아니라는 것이다. 같은 교토에 살고 있고, 같은 공예에 몸과 마음을 바치고 있는 사람끼리 뭔가 갈등이라도 있었던 것일까. 히라타 도닌은 그 기술을 한 자식에게만 전수하고 누구에게도 가르쳐주지 않았다고 한다. 그는 그 기술을 외국인으로부터 배웠다고 선전하고 있었다. 그러나 사실은 적은 수이지만 일본의 금공가 중에서 칠보 기법을 알고 있는 사람은 그 외에도 있었던 것이다.

에치젠(越前)[5]에 산다유(三太夫)와 마고 주로(孫十郎)라는 칠보 대장장이가 있었는데 니코(日光) 도쇼구(東照宮)의 칠보문을 제작했다. 마에다(前田) 집안의 구기카쿠시 등을 전문적으로 만들었다고 하는 에도의 금공사인 마쓰이 야시치로(松井弥七郎)도 있다. 그는 가자리카타(飾り方)[6]라는 직명(職

名)이 있었다. 또 교토 고조(五条)에는 다카쓰키(高槻) 칠보로 불리는 도로(泥) 칠보를 만드는 집이 있었는데, 7대에 걸쳐 칠보를 제작했다고 한다.

이러한 사실에서 굳이 히라타 도닌이 외국인으로부터 칠보 기법을 전수받았다고 하는 것은 더욱더 이상해진다. 다만 히라타류 칠보의 특장(特長)은 은으로 된 오목부분(凹)의 안쪽에 투명 유약을 사용하는 독특한 기법이라서, 특히 손에 들고 보는 도검의 칼코등이의 경우, 높은 곳에 달린 구기카쿠시 등과는 다르게 투명 효과가 두드러진다. 그것이 소문이 나고 히라타 칠보의 이름이 높아지자 외국 기법 운운하는 것이 보태져서 선전되고, 더 한층 히라타 도닌의 이름이 높아졌을 것이다.

고보리 엔슈는 건축 공사 소부교(總奉行)이기 때문에 주로 건축 공예에 종사하였다. 그렇다고 하면 칠보로 된 구기카쿠시, 손잡이 등의 건축용 칠보가 필요했을 것이다. 그래서 칠보 사용의 명령을 받은 사람이 가초(嘉長)라는 칠보사였다. 가초에 대해서는 앞에서도 약간 이야기했지만, 건축용구 전문 칠보사여서 도검의 칼코등이와 같은 것은 만들지 않은 모양이다.

『가쓰라고벳쓰교노키호추(桂御別業之記補注)[7]』라는 가쓰라리큐 건축에 관한 기록에는 고보리 엔슈가 아껴서 자주 기용한 칠보사 가초에 대해 다음과 같은 기록이 있다.

「게이초(慶長, 1596~1614) 때 가초(嘉長)라는 사람이 있었는데, 이요마쓰야마(伊予松山) 사람으로 성은 모르며, 호타이코(豊太閤)[8]의 부름으로 교토에 나와, 호리카와(堀川) 아부라코지(油小路)에 살면서 호타이코가 건축하는 곳에 금구류를 만들라는 명을 받았다.

차(茶) 전문가인 고보리 엔슈는 건축에 가초의 작품을 애용하였는데, 에도 쇼군으로부터 하치조노미야 도시타다신노(八條宮智忠親王)[9]를 위한 가쓰라리큐 증축에 대한 명을 받자마자 가초에게 자신의 생각을 전수하

[왼쪽부터] 노형(櫂形) 오목손잡이, 묶은 모양(結紐形) 오목손잡이, 수선화(水仙) 모양 구기카쿠시

여 '신어전장압어정은수선(新御殿長押御釘隱水仙) 엽은화금(葉銀花金), 어연좌부입구어삼호취수도형(御椽坐敷入口御杉戶取手櫂形), 월파루어인수잔저형(月波樓御引手棧杼形), 송금정어지대인수결뉴형, 동영라형(松琴亭御持袋引手結紐形, 同榮螺形), 소의헌어오인수도형(笑意軒御襖引手櫂形: 신어전의 상인방 구기카쿠시 수선화는 잎은 은색이고 꽃은 금색, 툇마루쪽 입구의 삼나무로 만든 문 손잡이는 배의 노 모양, 겟파로(月波樓) 손잡이는 북(날실 사이에 씨실을 통과하는 데 사용되는 도구) 모양, 쇼킨테(松琴亭)의 작은 소품을 넣어두는 곳의 손잡이는 끈을 묶은 모양과 소라 모양, 쇼이켄(笑意軒)의 후스마 손잡이는 배의 노 모양' 등을 만들었는데, 지금도 가쓰라리큐에 남아 있어서 이 분야의 모범이 되고 있다. 교토 만슈인(曼殊院)의 금구도 가초가 제작한 것으로 전해진다. 가초는 또 칠보를 할 줄 아는 사람으로서 쇼킨테(松琴亭)의 소라 모양 손잡이(榮螺形引手)에 칠보 유약을 입히기도 했다고 기록되어 있다. 명공이지만 전기(傳記)를 쓰거나 하는 일 없어 제자에 대해서는 다행히 보충하지 않아도 된다. (『고게이쿄(工藝鏡)』[10], 요코이 도키후유(橫井時冬)[11] 지음)」

가초, 도닌과 고보리 엔슈의 관계에 대해 말하기에 앞서 여기서 한 가지 칠보와 관계된 어원을 알아보고자 한다. 문화는 언어에서 출발한다고 한다. 언어를 경시하는 곳에서 문화는 생기지 않는다.

칠보의 옛 언어인 루리(瑠璃)는 그 이전에는 고대 유리(glass)의 총칭이었

해외 무역을 하던 고슈인센(街朱印船)[12] 이 진기(珍器)를 운반했다

다. 이 루리의 어원은 범어(梵語)[13]의 Vaidurya[14]에서 비롯되었다. 한편 모모야마시대부터 일본인은 유리를 비이도로라고 부르게 되었다. 이 어원은 포르투갈어의 Vidor가 변한 것이다.

중세를 지나 바다로부터 들어온 비이도로도, 고대에 대륙에서 건너온 루리도 모두 같은 어원에서 시작되었다.

한편 지금 일본에서 호로(琺瑯)라 불리는 제품(瀬戸引, 세토비키[15])의 '호로'라는 말은 중국의 파랑(法郎)에서 온 것이다. 이 파랑을 중세의 중국에서는 칠보 또는 칠보 유사품을 가리키는 말로 사용했다.

그런데 이 파랑이라는 음은 프랑스 말이었다고 상상된다. 프랑스의 금공 작가 기로 부쉐(Guillaume Bouchet)는 중국의 수도인 시안(西安)에 와서 궁정에 근무하며 칠보 기법을 전했다고 한다. 그래서 지금 중국에서 칠보를 만들 수 있는 곳은 시안과, 시안에서 온 칠보 공인(工人)이 원류가 된

베이징(北京) 두 곳뿐이다. 물론 이런 어원의 유래는 아무 근거도 없기 때문에 이런저런 설(說)이 얼마든지 있을 수 있다.

그런데 중국의 치엔룽(乾隆)[16] 연간(1736~1795)에 소위 치엔룽(乾隆) 유리라는 것이 한 시대를 풍미했다. 이것은 주조된 유리에 분말 색유리를 물에 적셔 착색하고 건조한 후에 소성한 것으로 금속을 사용하지 않은 점이 칠보와 다를 뿐이고 나머지는 칠보와 매우 닮았다.

포르투갈 선교사 사비에르(Francisco de Xavier)가 일본에 온 것은 덴분(天文) 20년(1551)인데, 그는 야마구치(山口)의 다이묘인 오우치 요시타카(大內義隆)에게 아름다운 유리 그릇을 기증했다. 그 외에 일본에 온 선교사들로부터 유리 그릇을 받은 아시카가 요시아키[17], 오다 노부나가 등이 이를 모두 진귀하게 여기고 좋아했다.

종래 소다유리 한 가지였던 유럽에서도 이즈음에는 납을 넣었기 때문에 광택이 한층 선명하게 되어 일본인은 다시 들어온 이 유리에 열광했던 것이다. 이 납유리와 히라타 도닌이 어떻게 결부되었는지는 다음 장에 서술하기로 하고, 이 시대의 일본인은 왜 그랬는지 유리 그릇을 '갸만'이라고 불렀다. 유리를 가공하는 데 다이아몬드 연마기를 사용하기 때문이라는 만담 같은 이야기가 있지만, 다이아몬드를 생산하지 않는 일본에 있어서는 이 납유리야말로 다이아몬드와 다름없었다.

1 메키키: 서화, 도검, 골동품 따위를 감정하는 감정사

2 후시미(伏見): 교토시 남부의 지역명. 도요토미 히데요시가 후시미성을 짓고, 에도시대에는 막부 직할지였다.

3 부교(奉行): 지샤부교(寺社奉行), 마치부교(町奉行) 등 에도시대 행정 부서의 최고 책임자를 가리킨다.

4 고기사쿠지소부교(公儀作事總奉行): 에도시대 공적인 공사를 총감독하는 사람

5 에치젠(越前): 후쿠이현(福井縣)의 옛 지명

6 가자리카타(飾り方): 장식 담당자

7 가쓰라고벳쓰교노키호추 (桂御別業之記補注): 가쓰라리큐의 별장 보충 기록

8 호타이코(豊太閤): 도요토미 히데요시의 높임말

9 하치조노미야 도시타다신노(八條宮智忠親王): 1619~1662년의 왕

10 고게이쿄(工藝鏡): 1894년에 쓰여진 공예책

11 요코이 도키후유(橫井時冬): 일본 경제사 등을 연구한 역사학자

12 고슈인센(御朱印船): 막부가 발행한 슈인조(朱印状, 쇼군의 도장을 찍은 공문서)를 받고 외국과의 무역에 종사했던 배

13 범어(梵語): 산스크리트어, 고대 인도 문학이나 불경은 이 언어로 기록되어 있으며 오늘날까지 내려오고 있다.

14 Vaidurya: 범어로 루리(瑠璃)를 말하며 칠보의 하나이다.

15 세토비키: 철제 기물에 법랑(파랑)을 입힌 것

16 치엔롱(乾隆): 중국 청(淸)나라 6대 임금인 고종(高宗)의 연호(1736~1795)

17 아시카가 요시아키: 무로마치 막부의 마지막 쇼군

제13장

도로 칠보와 사롱형 칠보

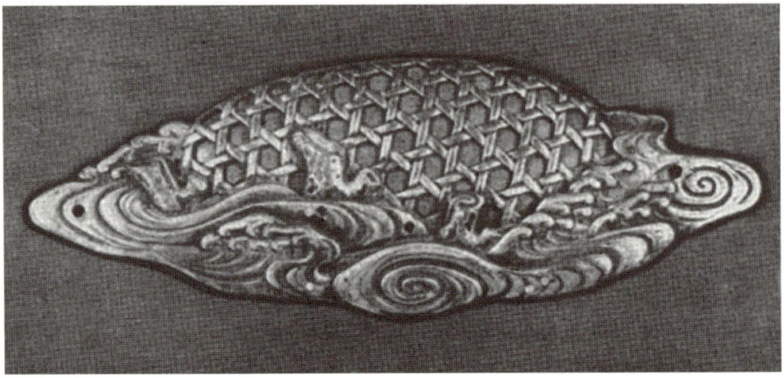

주라쿠다이(聚樂第) 칠보 구기카쿠시 • 호소미(細見)미술관 소장

일본 고전 칠보의 최대 특징은 칠보를 일종의 금구(金具)로 사용한 것이다. 칠보 금구로 구기카쿠시(釘隱)나 후스마(襖)의 손잡이(引手), 문고리(止鐶) 등을 사용하였다.

이 경향은 아즈치모모야마시대부터 성행하게 되어서, 에도 중기에 가나자와 번주(金澤藩主)인 마에다 쓰나노리(前田綱記)[1]가 에도의 오나리고텐(御成御殿)[2], 오나리몬(御成門)[3]에 겐로쿠(元祿) 시대(1688~1703)의 화려한 칠보 구기카쿠시를 아로새길 즈음에 전성기를 맞았다.

당대의 건축가였던 고보리 엔슈는 일본 목조 건축을 좀 더 아름답게, 보다 더 예술적으로 만들어 내기 위해 이런 저런 궁리를 했다. 유럽의 경우 사원이나 성곽은 벽돌이나 석조 건축물이었고 천창은 채광용 창으로, 스테인드글라스로 하는 경우가 많았다.

그에 반해 모두 목조 건축인 일본에서는 장식으로 구기카쿠시와 손잡이 정도밖에 사용할 수 없었다. 그 금구를 처음에는 수수한 조금(彫金) 금구로 제작했는데, 차츰 대서원(大書院)을 짓는 것이 유행하였고, 일본인의 색채 감각이 다양하게 됨에 따라, 조금(彫金)만으로는 만족할 수 없게 되었다. 그 풍조는 니코 도쇼구를 지을 때 절정에 달해 사용된 칠보 금구만도 수천에 이르는 상황이 되었다. 고보리 엔슈는 이러한 건축 칠보의 개척자로서 일본 칠보 역사에 빛나는 이름을 남긴 것이다.

가라하나 문양(唐花文)4 칠보 오목손잡이 • 다이토쿠지(大德寺) 료코인(龍光院)

엔슈가 투명 칠보에 독자적 길을 넓힌 히라타 도닌보다도 가초를 많이 기용한 것은 당연한 일일지도 모른다.

세간에 도로(泥, 니) 칠보라는 말이 있다. 이것은 일본 칠보의 특징 가운데 하나인데 단지 불투명 유약을 사용한다는 이야기는 아니다. 메이지 중기부터 다이쇼(大正)시대(1912~1926)에 걸친 시기에, 한때 이 도로 칠보가 세계 호사가들의 수집 대상이 되어 대량으로 생산된 적이 있는데, 당시는 이미 아름다운 투명 유약이나 광택이 있는 불투명 유약이 생산되었고, 그에 의한 칠보 그릇도 제작되고 있었기 때문에, 도로 칠보는 역시 특별한 종류의 칠보라고 할 수밖에 없을 것이다.

도로 칠보는 조금(彫金)과 서로 보완하여 건축 금구로는 최고의 효과를 발휘했다. 도금에 의해 광택이 입혀져서 금은이 반짝반짝 빛나는 조금(彫金)과 만나면, 광택이 전혀 없고 오히려 빛을 흡수해 버리는 도로 칠보는 그 대비(contrast)가 뛰어났다. 만약 이 건축 금구에 히라타 집안의 투명 유약을 사용했다고 해도 효과는 좋아지지 않았을 것이다.

지금 도로 칠보는 거의 만들지 않는다. 수요가 없어서겠지만, 도로 칠보에 의한 상아색의 백색, 짙은 남색 등을 사용할 길은 얼마든지 있을 것이다. 도로 칠보 유약에는 아연화(亞鉛華)[5], 형석(螢石), 아비산(亞砒酸)[6] 등 유탁제(乳濁劑)가 대량 혼합되어 있다. 그렇기 때문에 바탕금속과의 밀착도가 나쁘게 된다. 게다가 안료도 많아서 시간이 지나면 박리되는 경향이 있다. 그러나 에도시대의 도로 칠보는 그런 점에서 비교적 밀착이 좋았다. 그 시대의 칠보사들은 모두 고심해서 유약을 만들었는데 독특한 유탁제와 안료를 사용했기 때문에 그 배합은 알 수 없다.

그에 반해 히라타 집안에서 사용한 몇 종류의 투명 유약은 네덜란드 또는 중국에서 들어온 유리 용기를 분쇄해서 그 분말을 유약으로 사용한 것으로, 도검의 코등이 등 작은 물건의 칠보에 적용했다. 이 경우에도 주조에 의한 차분하고 수수한 표면과 상감 기법에 의한 칠보의 빛남이라는 대비가 중시되고 있는 것을 알 수 있다.

고보리 엔슈는 교토 다이토쿠지(大德寺) 료코인(龍光院) 건축에도 관계했는데, 이 미쓰안세키(密庵席) 상인방(長押)의 칠보 구기카쿠시는 모양이 좀 다르게 되어 있다. 투조(透彫)한 얇은 동판 바탕 안에 마름모꼴의 동판을 끼워 넣고, 여기에 적색과 청자색의 유약을 사용했다. 이 미쓰안세키에 또 하나의 칠보 손잡이가 있는데 직경 4cm정도의 작고 정밀한 칠보로 아름다운 녹색 유약이 사용되었다. 이 유약은 당시로서는 희귀한 반투명 상태의 유약이다. 고보리 엔슈와 히라타 도닌은 쇼호(正保, 1644~1647) 연초에 모두 병으로 사망했는데, 가초의 그 후 소식은 알 수 없다.

지금까지 중세의 칠보 역사를 다시 한 번 돌아보며 이런저런 재미있는 사실을 알게 되었다. 그중 하나가 칠보 구기카쿠시의 역사이다. 이미 일본에는 무로마치시대 즈음부터 칠보 구기카쿠시가 만들어졌는데, 후에 마에다 가(家) 칠보 구기카쿠시라 불릴 정도로 유명해진 사롱형(蛇籠形) 구기카쿠시가 처음으로 만들어진 것은 덴보(天保) 15년(1587)의 일로 128쪽의 사진에서도 알 수 있듯이 사롱으로서는 아주 오래된 모양에 속하는

아오이가라하나비시 문양(葵唐花菱文) 오목손잡이 • 나고야성 조라쿠덴

모습을 지니고 있다.

누가, 언제 이 사롱형 구기카쿠시를 만든 것일까. 사롱이란 대나무로 엮은 바구니 안에 잘게 부순 돌 등을 가득 넣어 강가에 설치해서 강가를 보호하는 것을 말하는데, 근년에는 테트라포드(terapod) 등 콘크리트 제품이 나돌아서 사롱을 만들 수 있는 사람은 거의 없는 실정이다. 대나무로 엮어 짠 형태와 가로로 긴 모습이 뱀을 연상시켜서 그 이름이 생겨난 것인데, 히데요시의 관저(官邸)인 주라쿠다이(聚樂第)의 칠보 사롱은 소용돌이치는 파도를 사롱이 눌러서 달래고 있는 모습으로 정말로 훌륭한 작품이다. 주라쿠다이는 히데요시가 교토 중심에 건축한 화려 장대한 저택으로, 당연한 일이겠지만 많은 미술공예품이 사용되었다.

원래 화려하고 아름다운 것을 좋아하는 히데요시가 칠보를 많이 사용한 것은 상상하기 어렵지 않지만, 남아 있는 것은 이 한 점뿐이다. 이 작품을 내가 주저하지 않고 주라쿠다이의 것이라고 인정하는 것은 사롱형 칠보 구기카쿠시의 원류를 여기서 보기 때문이다. 얼마 후 이 사롱형은 화롱(花籠, 꽃바구니)형이 되고, 이어서 조롱(鳥籠, 새장)형이 되고, 충롱(虫籠, 벌레를 기르는 바구니)형이 되었다가 그 역사는 끝나는데, 전성기에 완성된 새장형의 공예미에 비해서 이 사롱에는 앳되고 순진하기까지 한 창조성이 있다.

칠보 명품을 많이 보존하고 있어서 유명한 교토 다이토쿠지(大德寺)는

교토의 가쓰라리큐·교토에 있는 하치조노미야(八条宮)의 별장으로 에도 초기에 하치조노미야토시히토신노(八条宮智仁親王)가 창건하였다.

쇼추(正中) 원년(1324), 아카마쓰 노리무라(赤松則村)[7]에 의해 시작된 임제종(臨濟宗)의 대본산이다. 이는 고다이고 천황의 기원소(祈願所)인 5대 산의 하나가 되어 유명하게 되었다. 이 사원의 경내에 센노리큐나 고보리 엔슈가 암자를 지어 한층 유명해졌으며, 당대 명승 잇큐 소준(一休宗純)이 주지가 되고 사카이(堺)와 관계가 깊었으며 다도(茶道)와의 관계가 많았다. 이 가운데 료코인(龍光院) 미쓰안세키(密庵席)의 칠보 구기카쿠시는 전에 말한 대로 절이나 신사의 양식에 따른 수수한 칠보다.

가쓰라리큐(桂離宮)의 칠보가 그에 비해 화려하고 아름다운 것은 그 건축 목적이 다르기 때문에 당연할 것이다. 또 교토의 니시혼간지(西本願寺)[8]에도 칠보 구기카쿠시가 현존하고 있다. 니시혼간지는 가쿠신니(覺信尼)[9]가 건축한 것인데, 분록(文祿)원년(1592)에 현재의 장소로 옮겨서 히운카쿠(飛雲閣)[10]나 오히로마(大廣間)[11] 등에 모모야마시대의 발자취를 남기고 있다. 현재는 오타니케(大谷家)[12]의 주거지가 되어서 일반인은 볼 수 없지만 사진의 미쓰가시와조지 문양(三柏丁字文)[13] 외에 하나이카다 문양(花筏文)[14], 기쿄 문양(桔梗文, 도라지꽃 문양), 싯포 문양(七宝文) 등 여러 종류의 칠보 구기

가라하나 문양(唐花文) 칠보 구기카쿠시 • 다이토쿠지(大德寺)

미쓰가시와조지 문양(三柏丁字文) 칠보 구기카쿠시 • 니시혼간지(西本願寺)

카쿠시가 있다. 물론 사원에 있기 때문에 화려하다고 할 수는 없지만, 다이토쿠지(大德寺)의 것보다는 미려한데, 이 작품들은 중심이 금도금이고 잎은 감색으로 일부 투명한 것은 구기카쿠시로서는 귀하다.

가쓰라리큐(桂離宮)의 칠보가 유명하지만 슈가쿠인(修學院)의 각종 칠보도 유명하다. 슈가쿠인리큐(修學院離宮)는 원래 헤이안시대의 승려 쇼산(勝算)이 운영한 절인데, 후에 에도 막부가 고미즈노 상황(後水尾上皇)[15]을 위해 이 지역에 별장을 지었다. 히에이산(比叡山)[16] 기라라자카(雲母坂)[17]의 서쪽 기슭에 있고 가미노오차야(上御茶屋), 나카노오차야(中御茶屋), 시모노오차야(下御茶屋)[18]의 세 구역으로 나뉘어 있으며 정원미로 유명하다. 정원 면적은 무려 8만 5천 평이다. 그중 가운데 다원(中茶院) 객전에 칠보 구기카쿠시가 현존하고 있다.

하나는 꽃마차 문양(花車文) 구기카쿠시로 꽃을 실은 수레의 꽃부분이 칠보다. 하나는 대나무 잎을 배합한 대나무 문양(竹文) 칠보인데 이것은

하나이카다 문양(花筏文)

기쿄 문양(桔梗文, 도라지꽃 문양)

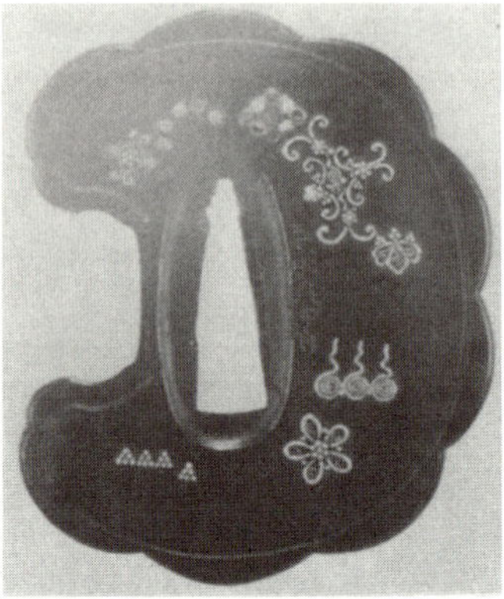

다카라즈쿠시 문양(宝尽し文)[19] 칼코등이 • 도닌(道仁) 작품

대나무부분이 감색 유약이며 간소하고 세련된 디자인이 훌륭하다. 같은 객전에 있는 칠보 손잡이는 칠보부분은 작지만 정말로 훌륭한 작품이고 이 시대의 대표작일 것이다.

이렇게 유래가 명확한 칠보를 기초로 출처불명의 칠보 작품을 비교해 나가면 대부분의 칠보 역사가 명확하게 될 것이다. 지금은 칠보 구기카쿠시 중에 사롱(蛇籠)에 관해 판명한 것이지만, 장래에는 후스마의 손잡이 계통을 포함하여 더욱 많은 것이 판명될 것임에 틀림없다.

또 현존하는 칠보 작품 중에 에도시대의 것으로 생각되는 칠보 장식 다치(太刀) 중 금장동문(金裝桐文)의 에후노다치(衛府太刀)[20]라 불리는 의장도(儀仗刀)가 알려져 있다. 이것은 헤이안시대의 의장도를 모방한 것이라고는 하지만, 기술사적으로 본다면 많은 수수께끼가 풀리게 될 것이다.

1 마에다 쓰나노리(前田綱記): 가가(加賀)번 5대 번주로 마에다 집안의 가풍을 확립한 명군(名君)

2 오나리고텐(御成御殿): 황족이나 쇼군이 방문했을 때 머무는 저택

3 오나리몬(御成門): 신분이 높은 사람의 행차를 환영하기 위해 설치한 문

4 가라하나 문양(唐花文): 중국에서 전해진 문양이며 특정한 꽃을 지칭하는 것이 아니고 연꽃, 목단, 상상의 꽃 등을 합성하여 만든 당풍(唐風)의 꽃이다.

5 아연화(亞鉛華): 아연의 산화물. 금속 아연을 가열하거나 황산아연, 질산아연을 태워 얻는 분말

6 아비산(亞砒酸): 황비산광(黃砒酸鑛)을 공기 중에서 태워 만든 가루

7 아카마쓰 노리무라(赤松則村): 가마쿠라시대~난보쿠초시대의 무장이자 슈고다이묘

8 니시혼간지(西本願寺): 교토시 시모교구(下京区) 호리가와도리(堀川通) 하나야마초(花屋町)에 있는 정토진종(淨土眞宗) 혼간지(本願寺)파의 본산. 덴쇼(天正) 19년(1591) 도요토미 히데요시가 현재의 위치로 이전하였다. 현재 가라몬(唐門), 히운카쿠(飛雲閣) 등 모모야마 건축이 남아 있다.

9 가쿠신니(覺信尼): 가마쿠라시대에 정토진언종의 종조(宗祖)인 신란(親鸞)의 딸

10 히운가쿠(飛雲閣): 니시혼간지에 있는 3층 누각

11 오히로마(大廣間): 넓은 방 또는 다이묘 등이 열을 지어 참석하던 방

12 오타니케(大谷家): 혼간지를 세습한 자손의 가문의 이름

13 미쓰가시와조지 문양(三柏丁字文): 미쓰가시와(三柏)는 떡갈나무 잎 3장을 3방면으로 향하게 배치한 가문이고, 초지(丁字)는 꽃모양이 정(丁)자와 비슷하여 붙여진 정자초(丁字草)를 의미한다.

14 하나이카다 문양(花筏文): 떠내려가는 벚꽃잎을 뗏목에 비유한 문양

15 고미즈노 상황(後水尾上皇): 도쿠가와 막부 초창기에 막부에 격하게 저항한 기골이 넘치는 천황으로 유명하다. 장수하였으며 34명이나 되는 자녀를 보는 등 에너지가 왕성했던 천황으로 에도 막부가 별장으로 슈가쿠인리큐(修學院離宮)를 지어 주었다.

16 히에이산(比叡山): 교토시와 오쓰시(大津市)에 걸쳐있는 산

17 기라라자카(雲母坂): 교토 슈가쿠인(修学院)에서 히에이산(比叡山)에 이르는 언덕길

18 시모노오차야(下御茶屋): 다원(茶院)의 이름을 빌려 위쪽 다원이 있는 정원을 가미노오차야(上御茶屋), 가운데 다원이 있는 정원을 나카노오차야(中御茶屋), 아랫쪽 다원이 있는 정원을 시모노오차야(下御茶屋) 등 3구역으로 부른다.

19 다카라즈쿠시 문양(宝尽し文): 여러 가지 재수가 좋은 보물을 늘어 놓은 문양

20 에후노다치(衛府太刀): 에후(衛府), 즉, 궁성(宮城)의 경비들이 패용하는 다치

제 14 장

니코의 칠보

다이유인뵤(大猷院廟) 고카몬(皇嘉門) • 좌우에 칠보 등롱(灯籠)이 있다.

내가 니코(日光)를 방문한 것은 4월 중순이었다. 곤세이도로(金精道路)[1]는 눈 때문에 아직 개통되지 않아서 잔설 속의 유노코(湯ノ湖), 고토쿠누마(光德沼), 센조가하라(戰場ヶ原), 유가와(湯川), 난타이산(男体山), 주젠지코(中禪寺湖), 주구시(中宮祠), 게곤노타키(華嚴瀧) 등을 돌아보고 취재의 목적지인 도쇼구(東照宮)에 방문했다.

사무소에서는 전문연구가인 나를 위해서 특별히 지식이 있는 신관(神官)을 안내로 뽑아 사진촬영허가 완장을 찬 나를 수행하도록 했다. 최근 칠보 연구의 유행 탓인지 그곳을 방문하는 연구자와 학자가 많고, 외부와의 접촉·교류에 따라 도쇼구의 칠보에 관한 지식이 많아진 것은 고마운 일이었다.

니코에서는 모든 사원과 신사의 촬영이 금지되어 있는데, 다이유인뵤(大猷院廟) 고카몬(皇嘉門)처럼 비를 맞게 내버려 둔 건축물까지도 촬영이 금지되어 있으므로 주의가 필요하다. 칠보 연구가라는 연유로 사무소가 협력하여 당일만은 칠보를 촬영할 수 있어 다행이라고 생각했다.

도쿠가와 이에야스(德川家康)

니코 도쇼구 사카시타몬(坂下門)의 잠자는 고양이

니코 도쇼구는 도쿠가와 이에야스의 제사를 지내는 곳으로 도쿠가와 막부 3대 쇼군인 도쿠가와 이에미쓰(德川家光)에 의해 건립되었다. 간에이(寬永) 2년(1625)과 12년(1635), 2회에 걸쳐 대보수를 했는데, 특히 12년(1635)의 대보수에서는 약 57만냥, 은 100관, 쌀 1,000석이라는 많은 비용을 들여 전국의 명공을 모았다. 그들로 문전성시를 이루니, 변두리 지역이었던 니코는 순식간에 시가지로 변하였다.

도쇼구는 신(神)으로서의 이에야스를, 다이유인뵤는 부처(佛)로서의 이에미쓰의 유해를 각각 제사지내는 차이가 있지만, 모두 다수의 칠보가 사용되었으므로 에도시대 초기의 칠보를 알기 위해서는 꼭 니코를 연구할 수밖에 없는 것이다.

도쇼구에서 우선 사카시타몬(坂下門)을 안내받았다. 이 문은 본전(本殿)에서 산 위의 안쪽 신사에 오르는 최초의 석전(石殿)밑에 있는 문으로 이 문에 유명한 '잠자는 고양이'가 있다. 이 사카시타몬에는 140쪽 그림과 같은 마름모 형태의 칠보 구기카쿠시가 많이 사용되었는데 비에 바랬지만 의외로 보존이 양호하다. 직접 보기 전에는 대량으로 제작한 것이므로 모두 같은 유약을 사용했을 것으로 생각하였는데, 천만에 한 개 한 개

니코 도쇼구 사카시타몬의 하나비시 문양(花菱文) 칠보 구기카쿠시

다양하게 고안한 것이었다. 좌우의 꽃무늬를 크림색으로 하고 상하의 꽃무늬 바탕색을 감색으로 하거나, 또는 상하의 색은 그대로 두고 좌우의 무늬를 감색으로 하는 등 상당히 고민한 것으로 보인다. 그렇지만 조금(彫金)한 바탕금속의 모양은 모두 동일하며 칠보 색을 다르게 하는 것으로 단조로움을 피하고 있었다.

이 사카시타몬의 칠보 유약은 이후 언급할 다이유인고카몬(大猷院皇嘉門)의 칠보 등롱(燈籠)과 동일한 유약으로 생각되므로 같은 사람의 작품일 것이다.

칠보는 문짝의 앞뒤좌우에 2개씩, 상인방(長押)에 23개, 합계 41개나 있었으며, 하나비시 문양(花菱文)[2]과 요쓰비시 문양(四菱文)[3]을 연결한 조금판을 나나코지(魚魚子地)[4]의 띠로 묶은 형식이었다. 사용한 유약은 백색, 크림색, 녹색, 남색, 감색, 적색, 청색 등 가지각색으로 그중에서도 하나의 문양 안에 두 종류의 유약을 함께 사용하는 등의 기법은 등롱과 동일하다.

이 사카시타몬의 칠보만이 아니고 바탕재료를 신추(황동)로 한 것은 이들 칠보 기법이 대개 상감 칠보이기 때문일 것이다. 뒷면 처리의 여부는 판단할 수 없으나 바탕을 오목 모양(凹)으로 만들 때 상부를 좁게 하면 설령 유약이 떨어져도 탈락을 피할 수 있게 된다.

사카시타몬에서 위쪽 사무소를 지나면 본전(本殿)에 이른다. 각 곳에서 신사 관계자들이 사진 촬영을 못하게 한다. 안내자가 있고 허가증이 있고 완장까지 차고 있는데도 이러하니 촬영금지는 굉장히 엄격하다고 생각되었다.

니코 도쇼구의 세 원숭이(중요문화재) • 세 원숭이가 각각 귀, 입, 눈을 막고 있다.

이 본전의 칠보에 대해서는 도쇼구 건축대장인「도쇼구고조에이초(東照宮御造營帳)」가 현재 남아 있어 건축에 들어간 돈까지 알 수 있는 것은 흥미롭다. 그에 의하면 건축 책임자는 아키모토 다지마노카미(秋元但馬守), 시공자는 대장장이인 에치젠(越前), 산다유(三太夫), 마고 주로(孫十郎) 세 사람이다. 칠보를 '비이도로'라고 쓰고 있는데, 왜 칠보라고 쓰지 않았는지 의문이다. 도쇼구는 신사이므로 칠보라고 하는 불교 용어는 금기(禁忌)였는지도 모른다. 건축하는 데 소용된 돈은 본전(本殿)이 약 2,700냥, 배전(拜殿)[5]이 약 1,000냥으로 모두 3,700냥이다. 과연 천하의 도쿠가와이므로 아낌없이 돈을 썼던 것이다.

이 칠보를 담당했던 에치젠, 산다유, 마고 주로는 도쿠가와 집안에서 고용하고 있는 히라타 도닌같은 칠보사가 아니고 이를테면 동네 기술자였다. 동네 기술자조차 이 정도의 유약을 구사해서 멋있는 칠보를 만들고 있다는 것은 당시의 칠보 기술로서는 중요한 일로, 히라타 집안만 기

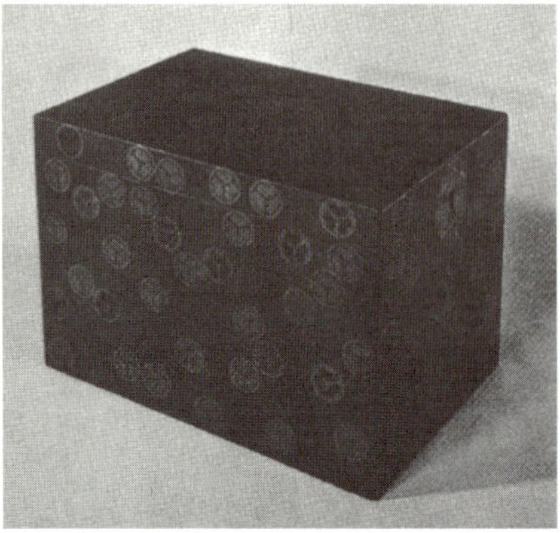
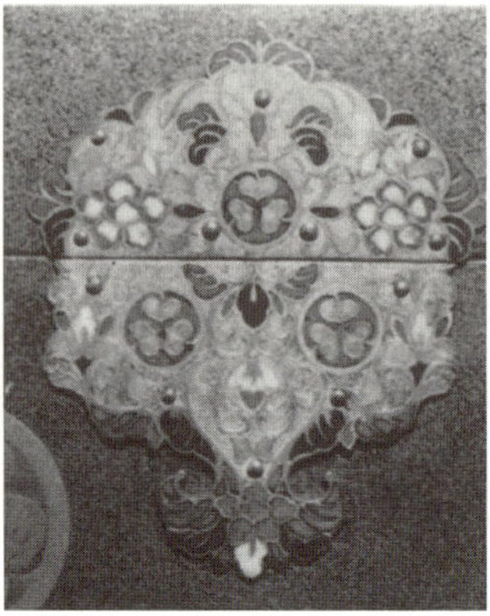

이키센묘쿄(位記宣命筥)와 아오이보상화 문양(葵宝相華文) 칠보 금구

술을 보존하고 있다든가, 중세에 일본 칠보는 단절되었다든가 하는 속설을 완전히 뒤집는 증거일 것이다. 그러나 에치젠 같은 기술자들이 칠보라는 말을 사용하지 않은 또 하나의 이유는 도쿠가와 집안이 고용하고 있는 칠보사 히라타 가(家)에 대한 조심성이 있었는지도 모른다.

본전의 격자 문짝과 배전의 옆문에 칠보 금구가 배치되어 있다. 본전의 것은 145쪽의 사진에 있는 것처럼 생선알 모양 바탕에 당초문을 가늘게 새긴 고비 모양의 좌금(座金)에 같은 가라하나 문양(唐花文) 금구를 붙였다. 이 가라하나의 12개 꽃잎에 적색과 녹색의 칠보 유약이 번갈아 사용되었다.

물론 불투명 유약이고 풍화(風化)되었으며 완성도는 평범하다.

본전에는 칠보 금구가 온갖 곳에 사용되었지만 모두 작은 금구여서 구기카쿠시라기보다는 단추 모양으로 대량 사용된 것으로서 당연히 미술적 가치는 낮다. 그중에 한 군데, 문의 금구에 칠보를 한 곳이 있다. 이것은 바탕부분을 칠보로 상감한 것이다.

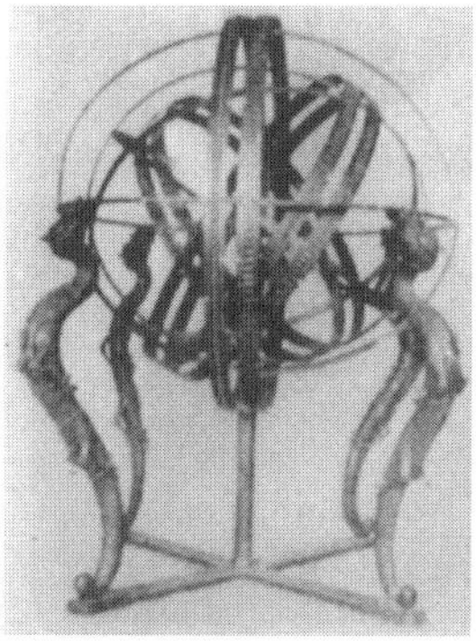

니코의 혼천의(渾天儀)

하나비시문양(花菱文)	요쓰비시문양(四菱文)

기쿠스이문양(菊水文)	아오이문양(葵文)

그러나 뭐라 해도 도쇼구에서의 백미는 이키칸부센묘쿄(位記官苻宣命筥)[6]와 혼천의(渾天儀)[7] 두 작품이다. 지금 모두 보물관에 옮겨져 전시되고 있으므로 누구라도 참관할 수 있다.

센묘쿄는 세로 41cm, 가로 62cm, 높이 62cm의 담색 상자로 앞뒤 두 곳의 긴마키에(金蒔繪)에 상감 칠보가 배치되어 있다. 사용 유약은 모두 불투명의 금색, 녹색, 하늘색, 백색의 4색이고 아오이 문양(葵文, 접시꽃잎 문양)이다. 이것은 일본 칠보사에 남을 명품일 것이다. 나는 보지 못했지만 내부에도 2개의 칠보가 배치되어 도합 4개의 칠보가 사용되었다고 한다. 이키칸부센묘쿄는 천황으로부터 받은 서위(敍位) 등을 넣어두는 상자인데, 히라타 도닌의 작품으로 생각하는 사람이 많다.

혼천의(渾天儀)는 그리스의 천문가가 발명한 천구의(天球儀)의 일종으로 천체의 위치와 경위도를 관측하기 위한 도구이다. 고대 중국에도 같은 모양의 것이 존재했다. 니코의 혼천의는 오하마 번사(小浜藩師) 이시하라 우스자에몬(石原薄左衛門)이 제작하고, 간분(寬文) 10년(1670)에 막부가 사들여 도쇼구에 봉납한 것이라고 알려져 있다. 둥근 띠에 칠보 문양, 기쿠스

고카몬의 칠보 등롱

고카몬 등롱의 천녀 문양(天女文) 칠보

이 문양(菊水文), 아오이 문양(葵文) 등의 칠보 상감으로 되어 있다.

도쇼구와 분쟁을 계속하고 있는 다이유인뵤는 도쿠가와 이에미쓰(德川家光)의 사당(祠堂)인데 조오(承応) 2년(1653)에 건립되었으며, 전부 22동의 법당이 있다. 그중에 칠보가 있는 것은 고카몬(皇嘉門)과 배전이다. 중요 문화재에 지정되어 있는 고카몬은 일명 용궁문이라고도 불리는데 명나라의 양식을 받아들여 극채색의 화려한 미를 자랑하고 있다. 이 고카몬 좌우 등롱 일부에 칠보가 배치되어 있으나 비에 바래서 풍화(風化)가 심하다. 이 금등롱(金燈籠)은 다테 마사무네(伊達政宗)[8]의 아들 다다무네(忠宗)가 헌납한 것인데 제작자는 호리야마 시로세이코(堀山城清光)라고도 하고 야스케(弥助)라고도 불리는 금공가이다.

이 등롱의 불을 켜는 화대(火袋)에 아오이 문양(葵紋)과 천녀 문양(天女文, 다양한 선녀의 모습)과 히운 문양(飛雲文, 구름 문양)의 칠보가 배치되어 있다.

야스케의 작품이라고 판단되는 것은 등롱의 하부에 이름이 새겨져 있

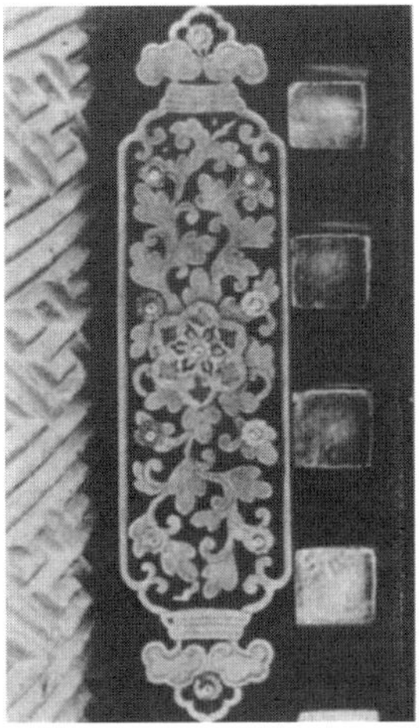

보상화 문양 칠보 구기카쿠시 • 도쇼구 본사(本社)

기 때문인데, 야스케는 이 외에도 이름이 새겨진 종이나 등롱을 당시 다수 제작하였던 주물사이다. 그가 스스로 칠보를 제작했다고는 생각하기 어렵기 때문에 사카시타몬의 칠보사에 의뢰해서 제작시켰다고 상상된다.

사용 유약은 연지(臙脂)색, 백색, 녹색, 황색, 흑색 등인데 가운데는 백색 바탕에 적색을 뿌리는 등 다채로운 기술을 자랑하고 있으며 본사의 것보다 뛰어나다. 칠보는 등롱 2개에 동일하게 되어 있으며 대체로 삿갓 안쪽, 불을 켜는 아래 부문, 받침대, 등롱의 몸통부분 등에 많다. 고카몬은 자유롭게 볼 수 있어서 한 번 봐두면 좋을 것이다.

다이유인(大猷院) 배전(拜殿)에도 칠보가 있다. 좀 눈에 띄지 않는 곳에 있다. 배전은 금박을 빈틈없이 붙인 호화찬란한 전각(殿閣) 건축 양식으로 폭이 다타미 64장[9]의 크기나 된다. 그 중앙에 이에미쓰(家光)의 여동생이자 마에다 도시쓰네(前田利常)의 부인의 봉납품인 천개(天蓋)가 드리워져 있다. 이 천개에서 구슬장식발이 드리워져 있는 아오이 문양의 금속이 거의 칠보로 만들어져 있기 때문에 주의해서 보지 않으면 안 된다. 국화모양의 좌금(座金) 같은 작은 것까지도 칠보로 되어 있는 도쇼구는 실로 일본 칠보의 보고(宝庫)다.

1 곤세이도로(金精道路): 오쿠니코(奥日光)의 유모토온센고(湯元温泉郷)와 군마현 가타시나무라(片品村)를 연결하는 국도

2 하나비시 문양(花菱文): 꽃잎 4개를 마름모 모양으로 배치한 문양

3 요쓰비시 문양(四菱文): 마름모 4개를 마름모꼴로 배치한 문양

4 나나코지(魚魚子地): 금속 표면 전체에 작은 좁쌀알 같은 돌기를 새긴 세공이며, 어란을 늘어놓은 듯 보여서 이렇게 일컫는다.

5 배전(拝殿): 신사에서 배례하기 위해 본전 앞에 지은 건물

6 이키칸부센묘쿄(位記官苻宣命筥): 이키센묘쿄(位記宣命筥)라고도 하며 도쿠가와 이에야스(徳川家康)에 주어졌던 이키(位記) 23통, 센지(宣旨) 30통 및 신으로 모셔진 후의 센지·간부·센묘(宣旨·官符·宣命) 등 모두 102통을 넣어둔 상자. 겉상자, 가운데 상자, 속상자 등 삼중으로 되었는데, 특히 가운데 상자는 긴긴다카마키에(金銀高蒔絵)로 된 140여 개의 아오이 문양(葵紋)이 그려져 있고, 거기에 히라타류의 은태(銀台) 칠보의 금구를 붙여 공예의 진수를 보인다.

- 이키(位記): 율령제에서 벼슬의 품계를 적어 본인에게 주는 문서
- 센묘(宣命): 센묘체(일어를 한자음훈으로 기록한 일본식 이두문체)로 쓴 천황의 조칙
- 센지(宣旨): 율령제에서 천황·다이조칸(太政官)의 명령을 전달하는 문서의 형식명
- 간부(官符): 다이조칸(太政官)으로부터 중앙 및 지방의 모든 관리에 내린 공문서

7 혼천의(渾天儀): 천체의 위치와 운행을 관측했던 기구

8 다테 마사무네(伊達政宗): 데와국(出羽国, 현재 야마나시현과 아키타현 일부)과 무쓰국(陸奥国, 현재 아오모리, 이와테, 미야기, 후쿠시마현과 아키타현 일부)의 전국 다이묘

9 다타미 64장: 다타미 1장의 크기는 지역에 따라 다르나 에도에서는 1.548m²(880mm × 1760mm)이다.

제15장

칠보 가문 — 히라타 가

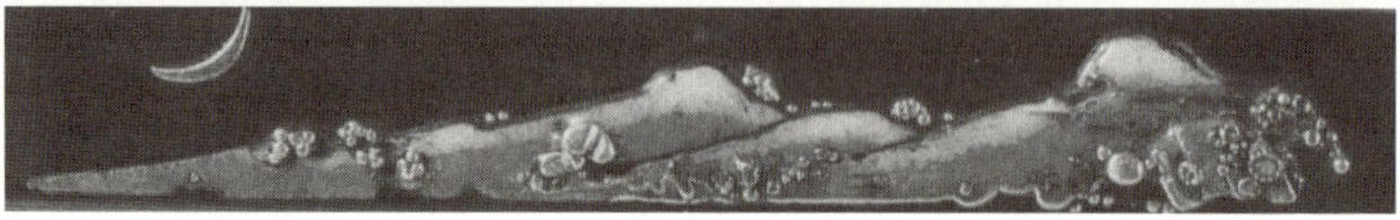

[위] 후지산 사슴 그림의 작은칼 손잡이. 히라타 도닌 작품
[아래] 설산 야경 그림의 작은칼 손잡이. 히라타 도닌 작품

교토의 칠보사였던 히라타 히코시로 도닌은 중요문화재에 지정된 꽃과 구름 모양(花雲形) 칼코등이의 작자로 알려져 있다. 그 투명 유약의 미려함은 비유할 수 없을 정도다. 또 히라타 집안의 6대째인 나루유키(就行)의 목단과 고양이 그림(牧丹猫図) 칼코등이도 뛰어난 것이다.

도검의 칼코등이는 광선을 흡수해 버리는 주철에 광선을 충분히 반사하는 은 칠보를 상감하였기 때문에 칠보의 아름다움이 특히 발휘된다. 더구나 히라타 칠보는 투명, 불투명, 반투명 유약을 구사하고 있기 때문에, 에도시대를 통해 최고의 칠보가로 칭해졌던 것이다.

히라타 칠보는 가문으로만 전수되어, 다른 집안으로는 기술이 나갈 수 없는 문외불출(門外不出)의 기술을 자랑하고 있다. 초대 도닌(道仁), 2대 나리카즈(就一), 3대 나리히사(就久), 4대 시게요시(重賢), 5대 나리유키(就門), 6대 나루유키(就行), 7대 나리료(就亮), 8대 하루나리(春就), 9대 나리쇼(就將), 10대 하루유키(春行), 11대 나리유키(就之)로 이어졌는데 예외도 있다.

5대 나리유키의 제자였던 스가나가 아쓰(菅長厚)라는 인물인데 무사시노쿠니(武藏國)[1]에 살았다고 한다. 또 8대 하루나리의 제자에 슌초(春朝), 하루토시(春壽)라는 수제자가 그 기법을 배워 독립을 허락받았다.

히라타 집안의 칠보는 초대 도닌에서 5대 나리유키까지는 작품 어디에도 이름을 넣지 않았다. 그래서 앞에 기록한 중요문화재 지정 작품도

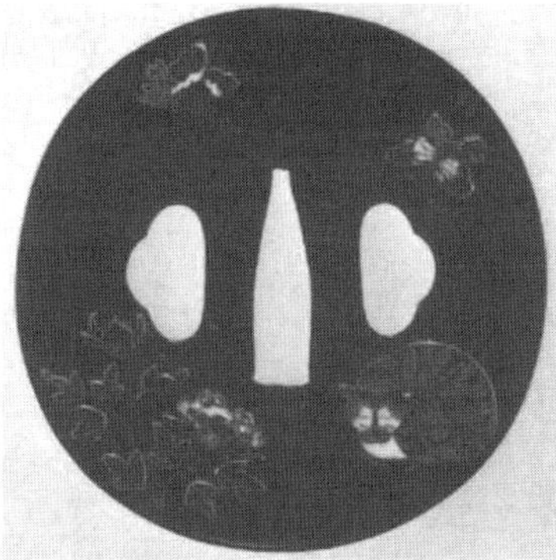

목단과 고양이 그림(牧丹猫圖) 칼코등이 • 히라타 나루유키(平田就行) 작품

엄밀히 말하면 무명이어서 작자 미상이라고 해야 한다. 그렇지만 이런 종류의 칠보 도검의 칼코등이가 20개 정도 남아 있는데 그 작법으로 미루어 추측해서 그것을 일단 도닌의 작품으로 해두는 것이다.

당시는 다이묘들이 앞 다투어 칼코등이를 만들게 하는 것이 유행이었다. 그 경우 작가가 문제가 아니고 작품이 문제로, 의뢰자는 명작을 요구하여 그 만든 솜씨를 자랑하는 것이 목적이었지 작자 등은 아무래도 좋았던 것이다.

그 증거로 명공(名工) 고토 유조(後藤祐乘, 1440~1512)[2]를 들어 보자. 유조는 무로마치 중기의 조금가로 아시카가 요시마사를 섬기며 이름을 미쓰유키(瑞之), 통칭은 시로베에(西郎兵衛)라 하였다. 만드는 법과 도안, 바탕금속 등에 있어 새로운 아이디어를 생각해 냈는데, 특히 그의 명작인 누레도리즈코가이(濡鳥図笄)[3]는 가토누레도리(加藤濡鳥)로 불린 천하의 명품으로 유명하다.

실물은 지금 마에다육덕회(前田育德會)[4]가 소장하고 있는데, 현존하는 고토 유조의 금공 작품은 모두 무명이므로 역시 이 누레도리(濡鳥)라 하더라도 초대 유조의 것인지 2대째나 3대째의 것인지는 알 수 없다. 결국 후세에 고토 유조의 이름이 알려질 때에는, 본인은 사망한 경우가 많고 본래 신분이 낮은 금공 작가들은 그 이름을 넣는 것을 꺼리는 것이 보통이었다.

그런데 몇 대째인지는 모르나 고토 유조의 것으로 알려진 칠보 작품이 있다. 이 책에 자주 등장한 가쓰라리큐(桂離宮)의 신서원(新書院)에 있다. 「국화수통형(菊花手桶形) 칠보 구기카쿠시」가 그것이다.

이 작품은 대단히 희귀한 것으로 국화를 꽂은 목제의 수통이 그대로 구기카쿠시로 되어 있는데, 참으로 고보리 엔슈 취향의 세련된 작품이다. 게다가 그 정밀한 조금 기법은 누레도리의 작자와 비견할 수 있는 것으로 평범한 작가의 것은 아니다.

초대 고토 유조는 칠보와 관계가 없다고 해도, 2대째나 3대째가 될 때쯤이면 금공가인 고토 가(家)가 칠보를 받아들이지 않는 것이 이상할 정도로 칠보가 유행했다. 물론 당시의 건축물에는 당대의 금공가 모두가 협력했기 때문에 고토 집안의 작품이 가쓰라리큐(桂離宮)에 있다고 해도 이상한 것은 아닐 것이다. 다만 그것이 말로만 전해질 뿐 아직 확증이 없는 것이다.

이야기를 히라타 가(家)로 되돌리면 원래 고토 집안과 유사한 금공가였던 히라타 집안이 칠보의 명가(名家)로서 에도 300년을 지배했던 이유가 이상한 수수께끼인 것이다. 첫째, 왜 히라타 집안만이 아름다운 투명 칠보 유약을 사용한 칠보를 제작할 수 있었을까, 그것이 이해할 수 없다.

우선 히라타 도닌 작품이라고 알려진 「꽃과 구름 모양 칼코등이」의 경우, 너무나도 멋있는 유약의 난무(亂舞)에 놀라서 우리는 잠시 숨을 죽였다. 본질적으로 이것은 상감 칠보 종류이지만, 그 상감도 복잡해서 하나의 오목한 부분(凹)에 유선 칠보가 되어 있고, 교쿠유(玉釉)[5]의 느낌인 보카시 기법[6]도 구사되었다. 나는 이것을 은도금함칠보(銀鍍金函七宝)[7]로 부르는데, 함상(函狀)[8]이기 때문에 투명 유약이 한층 더 난반사하고 있는 것이 눈에 띈다.

또 하나 6대째 히라타 나루유키 이름이 적힌 칠보 칼코등이는 고양이에 목단과 나비를 배합시킨 것인데 예전의 그 호화로움은 없어지고 골동

가쓰라리큐의 수통형(手桶形) 구기카쿠시

취미적인 맛이 느껴진다.

히라타 집안의 칠보는 이렇듯 특이한 기법을 유지하고 있었는데, 과연 히라타 집안에서 도검 관련 장식품만 만들었는지, 아니면 구기카쿠시나 손잡이 등 건축 관련 칠보 금구도 만들었는지 의문이 많다.

니코 도쇼구의 이키센묘쿄의 사용 유약은 불투명이지만, 그 멋있는 마무리는 아무래도 히라타 집안의 기법을 상상하게 되고, 그 외 많은 구기카쿠시 등에도 히라타 집안의 기법이 느껴지는 명품이 많다.

그런데 쇼토쿠(正德) 6년(1716)의 도쿠가와 집안의 부칸(武鑑)[9]에 히라타 집안의 4대 시게요시(重賢)의 기사가 있는데, 「칠보세공(七宝御細工), 오코시모노카다지배(御腰物方御支配), 10인 후치(扶持), 유시마(湯島) 2초메(丁目), 히라타 히코시로(平田彦四郎): 칠보 세공을 하며, 다치나 작은 칼 등을 만드는 무사들(고시모노카타)을 지휘하고, 급료는 10인 후치(1인 후치는 1일 현미5홉)이며, 분쿄쿠(文京區) 유시마 2초메에 사는 히라타 히코시로」라고 쓰여 있다. 오코시모노(御腰物)[10]라고 하는 것은 도검장검(刀劍裝劍)[11] 관계 세공이기 때문에 그런 전문적인 일이라는 의미가 된다.

게다가 이상한 사실은 에도 초기에 이 정도로 아름다운 투명 유약을 히라타 집안이 어떻게 사용할 수 있었는지 하는 수수께끼다. 이를 위해서는 에도기의 일본 유리 공예에 대해 생각할 필요가 있다.

에도시대 이전 일본 유리 공예는 전혀 미개척이었고 근근이 유리옥을 만드는 정도의 빈약한 것이었다. 유리 용기의 대부분이 서양이나 중국

고호안보센세키(孤篷庵忘筌席)의 간하나가라쿠사 문양(鐶花唐草文) 구기카쿠시

등에서 들어온 외래품으로 민중과는 인연이 없었다. 그런데 에도시대가 되면서 급속히 유리 공예가 발달했다.

구로카와 마요리(黑川眞賴)[12]의 「일본파려칠보설(日本玻瓈七宝說)」에 「겐키(元龜)원년(1570) 히젠(肥前)의 나가사키(長崎) 지토(地頭)[13] 오무라리센(大村理專)이 만인(蠻人)[14]의 예배당을 허용하고 나가사키에 무역장(貿易場)을 연 이래, 그 나라의 세공인을 나가사키에 오게 하였는데 그중에 유리를 만드는 세공인이 있었고, 나가사키의 세공인이 마침내 이것을 배워, 점차 직업이 되고 공장에서 유리를 만들 수 있게 되었음」과 같은 기록이 있다.

결국 구로카와설에 의하면 유리 기술은 총포류와 같이 서양에서 도래했다는 것이었다. 그런데 그 즈음의 네덜란드, 포르투갈, 스페인 등의 유리는 모두 소다유리였다. 만약 일본이 이들 남만인(南蠻人)의 유리 기술을 받아들였다면 에도기의 유리는 모두 소다유리여야 한다.

그런데 대부분의 이 시대 일본의 유리 제품은 납유리이다. 납유리는 중국의 국기(國技)라고도 할 만한 것으로 서구에서는 거의 볼 수 없다. 아직 연구 단계지만 에도시대의 유리는 중국적인 납유리를 서구적인 방법으로 제작한 것 같다. 결국 점토로 만든 틀에 용해시킨 유리를 불어넣어 만드는 것이다.

이렇게 처음에 나가사키에서 시작하여 사쓰마(薩摩)[15]로 전해지고 오사카에서 에도까지 유리 제조는 성행되었다. 에도 중기에는 이렇게 엄청난 유리 제품이 만들어지게 되었는데 모두 납유리였다. 그런데 히라타

에도 초기의 화롱형(花籠形) 구기카쿠시

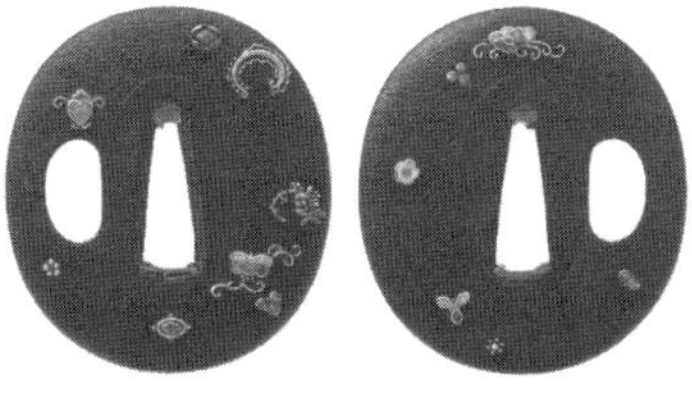

다카라즈쿠시 문양(宝尽し文) 칼코등이

집안에서 사용했던 유약은 보통 일본 칠보 작가가 사용하고 있는 것과 동일한 납유리로 연분(鉛粉)[16]이 아주 많은 플린트 유리(flint glass)[17]이다. 플린트 유리의 특징은 광택이 양호하고 또한 융점이 낮다는 것이다.

금이나 은으로 칠보를 할 경우에 융점이 높은 소다유리를 사용하면 귀금속이 약해지고 만다. 그래서 반드시 플린트 유리를 사용할 필요가 있는 것이다.

유리의 역사를 연구하는 요시미즈 쓰네오(由水常雄)는 본인과 함께 '일본고대요업사연구회'를 했던 동지인데, 그는 히라타 집안이 투명한 유리 유약을 제조했다고 해서 이상한 것은 아니라고 이야기한다.

중국이 납유리뿐 아니라 소다유리의 제법도 알고 있으면서 바로 근세까지 납유리를 고집했던 것처럼, 일본도 역시 역사적으로 납유리를 고집하고 있다. 『와칸산사이즈에(和漢三才図繪)[18]』라는 에도기 책에는 납유리의 자세한 제법이 기록되어 있는데, 에도 전기에 이러한 납유리의 유행이 히라타 집안의 그 멋진 칠보 코등이로 만들어진 것이다.

에도 전기부터 투명 유약이 사용되고 있었던 점에서, 서양의 소다유리를 분쇄한 후 연단을 넣어서 도가니에서 소성하면 낮은 융점의 칠보 유약을 얻을 수 있다는 것은 앞에서 썼던 그대로이다.

1 무사시노쿠니(武藏國): 사이타마현(埼玉縣)과 도쿄, 가나가와현(神奈川縣)의 일부를 포함하는 율령제 시대의 행정구역. 에도시대에 이 언덕에 오와리도쿠가와(尾張德川) 가(家)의 저택이 있었다.

2 고토 유조(後藤祐乘, 1440~1512): 무로마치시대에 의장용 검을 만든 금공가

3 누레도리즈코가이(濡鳥図笄): 물가에서 노는 까마귀를 표현한 비녀를 말하는데, 평소 칼집에 끼워서 머리를 빗거나 꽂을 때 쓰다가 전시에는 적의 목을 찌르는 무기로 사용하는 에도시대 일본도 부속품의 하나였다.

4 마에다육덕회(前田育德會): 가가 번주(加賀藩主)인 마에다(前田) 집안에서 이어져 오는 고서적, 고미술품, 도검 등의 문화유산을 보존·관리하는 도쿄 메구로구(目黒区) 소재의 공익법인

5 교쿠유(玉釉): 보통의 반투명색보다 투명도가 높은 반투명색의 유약이며 소성 온도는 750~840℃. 금속 외에는 완전히 용착하지 않고 다른 색과 섞거나 투명한 교쿠유(玉釉)로 묽게 할 수 있다.

6 보카시 기법: 진한 색에서 연하게, 또는 연한 색에서 진하게 색을 이용하는 법

7 은도금함칠보(銀鍍金函七宝): 바탕재료에 오목부분(凹)을 파서 은으로 도금한 위에 무늬를 만들어 칠보로 채우는 기법이다.

8 함상(函狀): 凹(오목) 모양과 같은 모양

9 부칸(武鑑): 에도시대에 다이묘 등의 성명, 봉급, 가문, 계보 등을 적은 연감식의 책

10 오코시모노(御腰物): 허리에 차는 물건

11 도검장검(刀劍裝劍): 도는 날이 한쪽이고 검은 양날, 장검은 장식 검을 말한다.

12 구로카와 마요리(黑川眞賴): 도쿄대학교 미술사학자

13 지토(地頭): 장원(莊園)을 관리하고 조세(租稅)를 징수하던 벼슬

14 만인(蠻人): 포르투갈, 스페인, 네덜란드 사람을 지칭한다.

15 사쓰마(薩摩): 현재 가고시마 지역

16 연분(鉛粉): 납을 원료로 한 백색 안료

17 플린트 유리(flint glass): 광학용 납유리. 비중이 무겁고 굴절률이 높으며 광택이 있다.

18 와칸산사이즈에(和漢三才図繪): 에도시대 중기, 쇼토쿠(正德) 3년(1713)경에 출판된 그림이 들어간 105권, 81책의 백과사전

제16장

햣코히쇼

니시혼간지(西本願寺)의 히운카쿠(飛雲閣)

핫코히쇼(百工比照)[1]라고 하는 말이 있다. 이는 가가번(加賀藩)[2]의 마에다(前田) 집안이 수집한 각종 공예품의 총칭이다. 마에다 집안과 칠보는 매우 인연이 깊다. 3대 마에다 도시쓰네(前田利常)[3]의 부인이 니코의 다이유인 뵤(大猷院廟) 배전(拝殿)의 천개(天蓋)를 기증했는데, 그것이 온통 칠보로 장식되었다는 것은 이미 앞에서 이야기했다.

마에다 집안의 저택은 칠보로 장식되어 있고 현재 마에다육덕회(前田育德會)에도 역시 칠보 명품이 다수 수집되어 있다. 그 저택은 지금의 도쿄대학이 있는 장소에 지어졌는데, 서원에는 가지각색의 칠보 구기카쿠시가 사용되었고, 그 수는 수십 개로 알려져 있다. 현존하는 칠보 구기카쿠시는 20개이다. 모두 멋진 조금(彫金)이며 두드려서 모양을 만든 동 바탕에 불투명 유약이 소성되어 있다. 다른 종류에 비해 광택이 있는 것이 특징이다.

이 에도 저택은 5대 마에다 쓰나노리(前田綱紀)가 5대 쇼군인 도쿠가와

용과 봉황 문양(龍鳳凰文) 스이추(水注) • 다도에 쓰이는 작은 다기 또는 연적이다.

쓰나요시(德川綱吉)[4]를 모시기 위해 증·개축하였다.

이처럼 칠보와의 인연이 깊은 마에다 집안은 원래 오와리(尾張)의 호족으로, 번조(藩祖)[5]인 마에다 도시이에(前田利家)[6]는 오다 노부나가를 섬겨 무공을 세웠고, 히데요시 밑에서 최고 보좌인의 한 사람으로 활약했던 다이묘이다. 막부 시대가 되어 마에다 집안의 2대인 도시나가(利長)는 도자마다이묘(外樣大名)[7]로서 마에다 가(家)의 존속을 위해 고심했고, 3대 도시쓰네(利常) 때에는 가가(加賀) 100만 석인 마에다 집안이 정말로 위기에 직면했는데, 도시쓰네는 막부에 순종하겠다는 뜻을 표시하고 오로지 서화, 골동에 그의 재산을 소비하는 것으로 막부의 경계를 피했다.

5대 쓰나노리(綱紀)는 78년간 번주로 있으면서 명군(名君)으로 이름이 높았다. 핫코히쇼(百工比照)는 그에 의해 만들어진 것인데, 여러 가지 공예의 기술과 디자인을 공예별로 수집·분류한, 에도시대의 공예 수준을 나타내는 최고의 컬렉션(collection)으로 유명하다. 여기에는 각지의 세공인들에게 주문해서 만든 것과 기존의 건물에서 회수한 구기카쿠시나 손잡이 등의 금구류가 있다. 핫코히쇼(百工比照) 표본류 목록(標本類目錄)에 의하면 칠보 제품의 총수는 무려 286개라고 하는 막대한 수량이다.

육덕회 자료에 의하면 저택의 건축 비용은 목재만 11만 냥이나 들었다. 황금으로 된 세 곳의 천장을 비롯하여 호화로운 장식을 위해 총비용 100만 냥과 총 20만 명의 장인들이 참가하여 건축했는데, 그중에 장식을 맡은 세이 자에몬(淸左衛門), 마쓰이 야시치로우(松井弥七郞), 단아미 겐시로

(丹阿弥源四郎) 등의 금속 공예인의 이름이 나와 있는 문서가 있다. 필시 그들에 의해 이 칠보들이 만들어졌을 것이다.

100만석 다이묘의 풍족한 재력에 의해 모아진 이들 공예품은 다이쇼(大正) 14년(1925)에 설립된 마에다육덕회에 계승되어 관리·운영되고 있다. 육덕(育德)이란 쓰나노리(綱紀)가 그 정원(현재의 연못)에 붙인 이름이다.

더구나 마에다육덕회에는 고토 유조(後藤祐乘)가 만든 머리 장식 금구인 누레도리(濡烏)도 보존되어 있어서 고토 유조가 칠보를 제작했다고 전해지는 이야기도 모두 깊은 흥미를 일으킨다. 그러면 어떻게 에도 전기에 집중적으로 칠보가 성행하였는가 하는 문제를 생각해 보자.

일본의 중세 문화는 일본 특유의 와비(侘)[8]와 사비(寂)[9]라고 하는 미의식을 육성했는데, 그 미의식과 무가의 선종 사상이 결부된 것이 유현(幽玄)[10]의 경지에 이르는 것이었다. 그것이 회화에 표현된 것이 수묵화나 산수화의 유행이고, 건축에 표현된 것이 킨카쿠(金閣)[11]나 긴카쿠(銀閣)[12] 등의 서원 건축물이었다.

간결하고 장식이 없도록 건축한 서원에는 칠보처럼 아름다운 장식품은 본질적으로 맞지 않는다. 칠보가 사용되는 경우에는 그 광택을 없애고 화려함이나 장식을 없애야 했다. 이런 시대에서는 칠보가 성행될 리 없고 극히 조심스럽게 제작되어 사용되는 정도에 불과했다.

그런데 이러한 히가시야마 문화(東山文化)[13]가 바뀌어 노부나가와 히데요시 시대가 되었고 소위 모모야마 문화(桃山文化)[14]라 불리는 화려한 문화가 융성하게 되면서 칠보는 새롭게 시대의 요청을 받은 것이었다. 사람들은 이 시대에도 다도와 같은 와비와 사비의 문화가 있었다는 사실을 지적하지만, 이미 이 시대의 다도에는 센노리큐(千利久)가 상징하는 것과 같은 초창기의 간소한 유현성(幽玄性)은 존재하지 않았다.

그렇기 때문에 리큐는 다이묘 정도로 출세하고도 히데요시의 미움을

기쿠스이 문양(菊水文) 오목손잡이

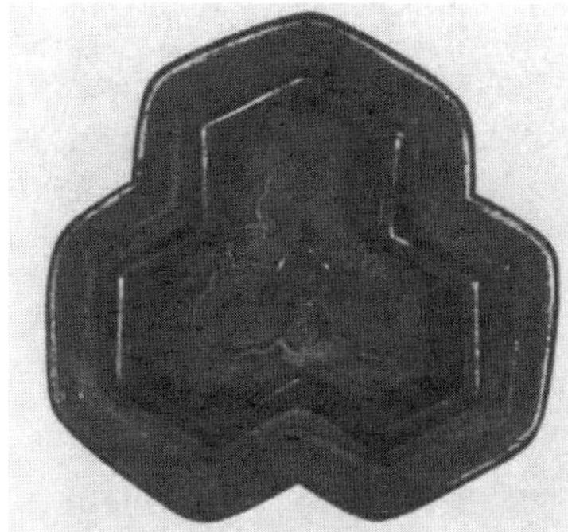

귀갑당화 문양(龜甲唐花文) 오목손잡이

사서 히데요시의 명령으로 할복 자살하게 되는, 정치적인 비참한 죽음을 맞이하지 않으면 안 되었다.

모모야마 문화는 성곽의 문화로 아즈치성(安土城)[15]이나 후시미성(伏見城)[16] 등이 건축되었는데, 권력의 집중화로 이들 성곽의 규모가 거대해져서 호화찬란한 건축물이 많이 세워졌다. 그로 인해 이전의 서원 건축 양식은 버려지고 상상도 못할 대서원(大書院)이 건축되었다.

그 대서원 건축 양식은 에도 전기까지 융성했는데 칠보는 이 대서원 건축 양식과 함께 번영한 것이었다. 히데요시가 지은 주라쿠다이(聚樂第), 후시미성 등의 건축물은 모두 다타미 몇 백 장 크기의 오히로마(大廣間)를 호화찬란하게 채색 장식하였고 칠보를 비롯해 금은으로 치장한 그 시대 최고의 공예품도 있었다. 칠보는 꽃 모양이었고 칠보를 사용하는 것은 즉 권력자의 지배력을 상징했다.

도쿠가와 막부는 권력을 탈취하자마자 곧 노부나가나 히데요시 시대의 문화 유산인 후시미성이나 주라쿠다이를 철저하게 파괴해 버렸는데, 이것이야말로 이 건축물들의 권력성을 상징한 사건이었다. 그러나 막부

핫코히쇼(百工比照)의 화롱형(花籠形) 구기카쿠시

대나무 문양(竹文) 구기카쿠시 • 슈가쿠리큐(修學院離宮)의 다실객전(茶屋客殿)

도 이 건축물들에 사용되었던 엄청난 문화재를 파괴하는 것이 너무하다고 생각하여 도요쿠니신사(豊國神社)[17], 다이토쿠지(大德寺), 니시혼간지(西本願寺) 등에 분산해서 이전했다.

니시혼간지 히운카쿠(飛雲閣)의 대서원이나 다이토쿠지 가라몬(唐門)[18] 등에 히데요시 시대의 것을 숨길 수 있었지만, 도쿠가와 이에야스를 비롯한 쇼군들도 대서원 건축과 거기에 배치된 칠보 명품을 잊을 수 없어 니코 도쇼구를 비롯해 유명한 건축물에는 여봐란 듯이 칠보를 화려하게 꾸몄다.

이렇게 꾸민 건축물의 하나로 나고야성 규고텐(旧御殿)이 있다. 이곳은 나고야성 성곽 일부에 있는 것인데, 이 어전의 위쪽 일부에 조라쿠덴(上洛殿)이 있다. 이곳은 3대 쇼군인 이에미쓰가 에도에서 교토에 올 때 머물던 숙박소인데, 간에이(寬永) 10년(1633)에 증축한 건물이다.

조라쿠덴은 한 단 높은 상단방, 1방, 2방, 소나무방, 국화회랑(回廊)[19], 난도(納戶)[20] 등으로 나뉘어 있고 주위를 다타미복도로 두른 호화스러운 대서원 양식의 건물이었다. 이에미쓰는 상당한 칠보 애호가였던 듯 니코와 같은 모양으로 이곳도 칠보로 장식했다.

유감스럽게도 이 조라쿠덴은 제2차 세계대전 말에 미군의 폭격으로

당화당초 문양의 국화 모양(唐花唐草文菊花形) 오목손잡이 • 도쿄국립박물관 소장

그 유명한 긴샤치호코(金鯱)[21]의 덴슈카쿠(天守閣)[22]과 함께 불이 나서 흔적조차 남지 않고 없어지고 말았다. 그런데 건물은 모두 탔지만 후스마는 살아남았다. 후스마에 그려져 있던 가노 탄유(狩野探幽)의 그림이 국보였기 때문에 나고야시에서 후스마만 따로 떼어서 보관해 두었던 것이다.

이 후스마의 손잡이(引手)에 칠보가 사용되어 있었으니 참으로 가노 탄유가 칠보를 구해 냈다는 이야기도 생겨날 만도 하다. 다만 건축에 붙어 있던 칠보 구기카쿠시 등의 대부분이 없어져 버린 것은 어쩔 수 없는 일이었다.

가노 탄유의 후스마 그림「제람도설(帝鑑図說)[23]」과「로유도(鷺柳図, 백로와 버드나무 그림)」또는「설송도(雪松図, 눈과 소나무 그림)」등에 칠보 손잡이가 사용되었다. 이 칠보 손잡이의 바탕재료는 적동이라고 알려져 있다.

적동은 일본 특유의 합금인데, 주성분인 동에 약간의 순금을 혼합한 합금이다. 이 적동을 단반(丹礬)[24], 녹청(緑青), 유산동(硫酸銅)[25], 명반(明礬, 백반), 식초 등의 혼합액으로 끓이면 보라색을 띤 흑색이 된다. 그래서 오금(烏金)[26]이라고도 불리며, 칠보의 용착성이 양호하므로 이 시대에 자주 사용되었다.

덧붙여 말하면 칠보는 금·은·동 및 동과 아연 5%의 합금인 황동(단동), 금과 동의 합금인 적동 등에는 잘 용착하지만, 동과 주석의 합금인 청동이나 백동 등 소위 브론즈에는 용착하지 않는다. 또 아연을 다량(50% 이상) 혼합한 신추(眞鍮)[27]에도 용착하기 어렵다. 이들의 팽창계수가 유약의 팽창계수와 다르기 때문이다.

조라쿠덴(上洛殿)의 칠보 손잡이는 정(釘)으로 오목하게 조각한 부위에 칠보를 소성한 상감 칠보인데, 청자색의 아름다운 불투명 유약이 사용되었다. 독특한 기법으로 갈고 닦아 광을 냈으며 모두 대략 100개로 추정된다.

1 핫코히쇼(百工比照): 마에다 쓰나노리 (前田綱紀)가 각 분야의 공예를 수집, 분류하여 현재 마에다육덕회(前田育徳会)가 소장하고 있는데, 핫코(百工)는 여러 종류의 공예, 히쇼(比照)는 비교·대조의 의미이다.

2 가가번(加賀藩): 이시가와현(石川縣)의 남부

3 마에다 도시쓰네(前田利常): 아즈치모모야마시대 말기에서 에도시대 초기의 무장, 다이묘이자 가가(加賀)번 제2대 번주

4 도쿠가와 쓰나요시(德川綱吉): 도쿠가와 이에미쓰의 아들

5 번조(藩祖): 번의 초대 영주

6 마에다 도시이에(前田利家): 아즈치모모야마시대의 무장이며 가가번(加賀藩)의 초대 번주(藩主)이다.

7 도자마다이묘(外様大名): 세키가하라 (關ケ原) 전투(도요토미 히데요시가 죽은 후 정권을 둘러싸고, 1600년 10월에 도쿠가와 이에야스파와 이시다 미쓰나리파가 일으킨 전투이며, 도쿠가와파가 승리하였다) 후 도쿠가와에 귀속한 다이묘인데, 예전에는 도쿠가와와 동격이었으므로 통제, 감시 당하고, 경계의 대상이 되었다.

8 와비(侘): 간소하고도 차분하며 조용한 생활의 정취를 즐김을 의미한다.

9 사비(寂): 은근하고 깊은 정감이 있음을 의미한다.

10 유현(幽玄): 깊고 그윽하여 헤아릴 수 없음을 뜻한다.

11 킨카쿠(金閣): 교토시 기타쿠(北区)에 있는 로쿠안지(鹿苑寺)의 사리전(舎利殿)의 통칭으로 아시카가 요시미쓰(足利義満)가 건설한 3층 누각인데, 내외(内外)에 금박으로 장식되어 있고, 1950년에 소실되었다가 1955년에 재건되었다.

12 긴카쿠(銀閣): 교토시 사쿄쿠(左京区)에 있는 지쇼지(慈照寺)의 관음전(観音殿)을 말하며, 아시카가 요시마사(足利義政)가 1489년에 건설한 2층 누각이다.

13 히가시야마 문화(東山文化): 무로마치 중기의 아시카가 요시마사(足利義政)의 교토 동쪽 산에 있는 산장(山荘)에 비유. 선종의 영향을 받아 정원, 서원, 차, 꽃꽂이, 수묵화, 노(能), 연가 등 새로운 예술이 흥하면서 와비, 사비, 유현의 경지를 중시하였다.

14 모모야마 문화(桃山文化): 오다 노부나가(織田信長)와 도요토미 히데요시(豊臣秀吉)에 의해 천하 통일 사업이 진행된 아즈치모모야마시대의 화려한 문화를 말한다.

15 아즈치성(安土城): 비와호((琵琶湖) 동쪽 아즈치산(현재 시가현(滋賀縣))에 있는 산성

16 후시미성(伏見城): 교토시 후시미(伏見) 모모야마초(桃山町) 주변에 있는 성

17 도요쿠니신사(豊國神社): 오사카시에 있는 신사

18 가라몬(唐門): 완만한 八(팔)자 모양의 지붕이 있는 문

19 회랑(回廊): 건물의 중요 부분을 둘러싸고 있는 지붕이 달린 복도

20 난도(納戸): 의복, 세간 등을 간수하는 방

21 긴샤치호코(金鯱): 호랑이 머리에 물고기 몸통을 한 상상의 동물에 금을 입혀서 성곽이나 용마루 상단을 장식한 것

긴샤치호코(金鯱)

22 텐슈카쿠(天守閣): 성(城)의 중앙부에 제일 높게 구축한 망루(望樓)

23 제람도설(帝鑑図說): 중국 고대 제왕의 치란 흥망(治乱興亡)의 권위와 모든 일을 그림으로 설명한 명나라의 그림책

24 단반(丹礬): 천연으로 산출되는 유산동

25 유산동(硫酸銅): 구리의 황산염

26 오금(烏金): 조금에 사용하는 검은 색의 금속이다.

27 신추(眞鍮): 동과 아연의 합금인 황동으로 주조나 가공이 쉬워서 기계용구, 일용품, 공예품 등 폭넓게 이용된다.

제17장

유리와 칠보

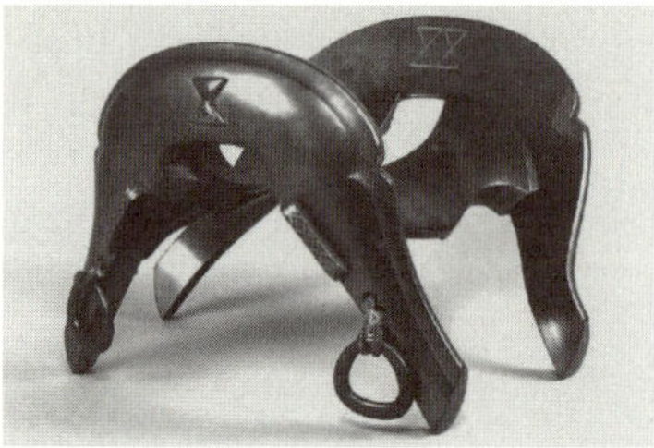

칠보를 붙인 안장(鞍)

에도 전기에 그토록 유행했던 칠보도 중기부터 후기에 이르면서 급속히 쇠퇴하기 시작했다. 호화로운 화롱형(花籠形) 칠보 구기카쿠시 등 몇 개가 중요문화재에 지정될 정도로 고도의 기술을 가지고 있었지만, 그야말로 거짓말처럼 쇠퇴했다.

이러한 원인으로 몇 가지의 이유를 생각할 수 있다. 에도시대의 칠보 대가인 히라타 가(家)에 그 원인이 있다는 입장이 하나일 것이다. 히라타 집안은 앞에서 말한 것 같이 도쿠가와 집안에서 고용한 칠보사로 활약했는데, 당시 이런 기능은 특권적 보호 정책의 비호를 받았고, 또 한 자식에게만 전수하는 일자상전(一子相伝)이어서 그 기술이 밖으로 나가는 것을 비밀로 했던 것이다.

그런데 히라타 집안에서는 초대 이후 5대 나리유키(就門)를 능가하는 칠보사가 등장하지 않았다. 집안 내에서만 전수되는 것이기에 자식이나 형제 중에서 재능 있는 사람이 나오지 않으면 순식간에 그 기능은 저하된다. 특히 칠보처럼 기술이 까다로운 것은 특별한 인내심과 극기심이 없으면 기술의 습득은 어렵다. 이렇게 해서 히라타 집안은 차츰 칠보 제작에서 멀어지고 8대째 이후에는 조금가(彫金家)로서의 이름을 남기는 데 그치고 말았다.

그러나 칠보를 만들던 사람들은 히라타 집안만이 아니어서 원인을 다른 곳에서 찾는 입장이 생겨났다. 즉 에도 전기에는 아즈치모모야마 문화의 전통을 받아들여서 어디에나 화려한 것을 존중했던 무가들도 도쿠가와의 정치가 안정됨에 따라서 에도시대 특유의 문화를 누리게 되었다.

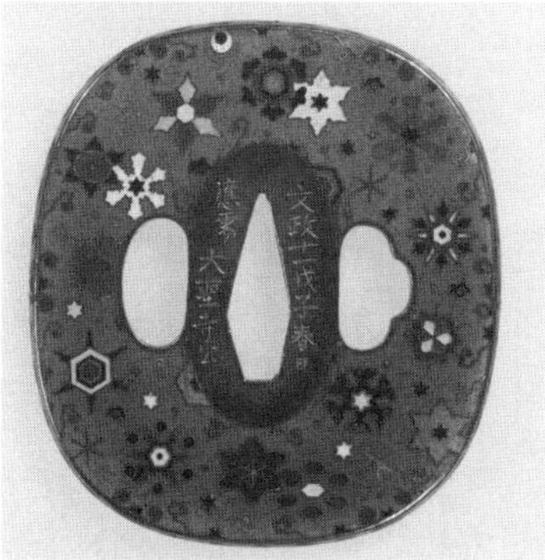

눈꽃 문양(雪華文) 칠보 칼코등이 • 히라타 하루히로(平田春寬)작품, 분세이(文政)11년(1828)

해삼 모양 칼코등이 • 히라타 하루나리(平田春就) 작품

생활의 다양화와 새로운 조닌 문화(町人文化)[1]의 발달은 칠보의 최대 고객층이었던 무가 계급에도 파급되어 그들의 취미생활을 크게 변모시키고 말았다. 그 증거로 도쿠가와 집안 자체가 칠보 주문을 하지 않는 것으로 나타났다. 칠보를 제작해도 살 사람이 없고 주문을 받으려 해도 고객이 없고, 그러는 사이에 기능이 저하되어 주문자의 요구에 따를 수 있는 고도의 기술이 없어져 버리는 악순환이 되었다고 하는 관점이다.

무가 대신에 칠보의 고객이 돼야 할 조닌[2]층은 무가에서 화려한 것을 못하게 하였기 때문에 착용하는 의류까지도 규제 당하는 억압된 정치 상황에서 자본가로서 충분히 발전하는 것이 불가능하였으므로, 그 점에서도 비용이 많이 드는 칠보는 불리했다. 다만 교토 시마바라(島原)[3] 유곽의 요정 등은 유흥장으로서의 성격상 무가도 조닌도 구별하지 않았으므로 칠보를 발주하는 것이 가능했을 것이다.

히라타 집안의 칠보는 특히 철을 바탕재료로 한 상감 칠보로 특징을 나타냈다.

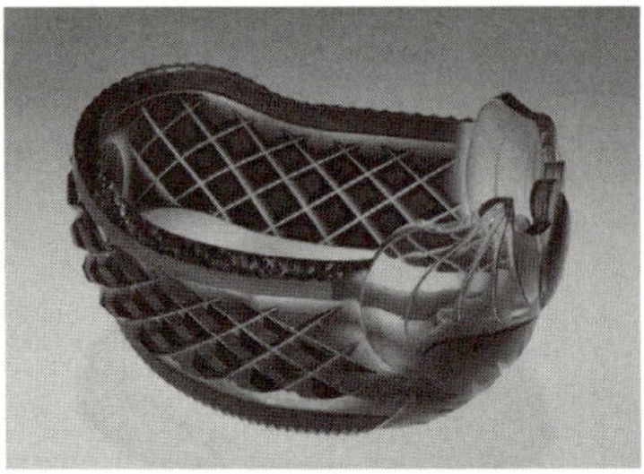
사쓰마 기리코(薩摩切子)

그 기술을 이용한 술병 등이 만들어졌지만, 그것도 일반 상품으로 유행하는 데까지는 이르지 못하고 쇠퇴해 버렸다. 칠보는 지배적 세력의 권위를 세우는 데 이용되는 특수한 발전의 길을 거쳐 왔으므로 보편적인 상품 생산 과정을 따르는 것이 불가능했기 때문에, 다른 산업처럼 순조롭게 발전할 수 없었던 것도 어쩔 수 없는 일이었을 것이다.

내가 생각하기에 칠보가 미약해진 최대의 이유는 에도 중기부터 후기에 걸친 일본 유리 공업의 발전에서 찾을 수 있다. 나가사키(長崎)에서 싹튼 에도기의 유리 생산은 한편으로는 사쓰마(薩摩)에 전해졌고, 한편으로는 오사카(大板)와 에도에 전해졌는데, 정말 순식간에 조닌층의 인기를 모아 유리 그릇을 사용하는 것이 시민의 특권이라도 되는 것처럼 대유행이 되었다. '갸만컵[4]'으로 술을 마시는 일이 조닌층에서 유행하였으며, 이런 인기에 따라 유리를 만드는 사람이 급증하고 유리 제조 기술도 급격히 발달해서, 모든 기물을 유리로 제작하는 것이 가능하게 되었던 것이다.

물론 에도 기리코(江戶切子)나 사쓰마 기리코(薩摩切子)[5] 등의 고급품은 가격도 비싸고 조닌이 쉽사리 살 수는 없었지만, 그래도 칠보에 비한다면 훨씬 쌌을 것이다. 칠보도 '비이도로[6]'로 불리는 유리 세공으로 간주되는데 같은 유리 세공이라면 싸고 구하기 쉬운 유리쪽에 눈이 가는 것은 당연하다.

히라타 집안의 칠보에서 현재 남아 있는 것은 초대 도닌(道仁), 5대 나리유키(就門), 6대 나루유키(就行), 8대 하루나리(春就), 9대 나리쇼(就將), 그

도리가부토(鳥兜, 무악(舞樂)때 쓰는 고깔) 모양 손잡이

리고 하루히로(春寬) 6명뿐이다. 더욱이 히라타 가(家)는 처음에 모두 히코시로(彦西郎)라고 말했기 때문에 2대 나리카즈(就一), 3대 나리히사(就久), 4대 시게요시(重賢) 등은 히코시로의 이름으로 칠보를 제작한 것이 확실하다.

5대 나리유키는 명인으로 이름이 높아「근세 우리나라에서 칠보를 만드는 사람은 많다고 해도 이 사람에 이르는 자는 없다. 이 사람이 만드는 것은 수입품보다 낫다고 말하니 기공(奇工)이라 하는 것이 당연하다」고 덴메이(天明) 원년(1781)의『소켄키쇼(裝劍奇賞)7』에 적혀있다.

나리유키는 히라타 가(家) 중흥의 시조라고도 불리는데 명인 기질을 갖고 있어서 칠보 외에 칠보를 넣지 않은 상감이나 조금에도 의욕을 불살랐다. 그런데 이 경우 칠보가라는 칭호가 도리어 장애가 됐던 것 같다. 막부에 허가를 신청해서 허가를 받지 못하면 칠보 이외의 금공 작품에 손을 대면 안됐던 것이다.

게다가 나리유키는 문외불출(門外不出)의 히라타 칠보 기술을 제자 스가나가 아쓰(菅長厚)라는 사람에게 전수했다. 이 사람의 칠보는 분명하지는 않으나 상당히 뛰어났던 것 같다. 그 이유는 당시 출판된『잔코후랴쿠(鏨工譜略)』라는 책에「칠보하는 사람, 위쪽(교토를 말함)에도 있다고는 하지만, 좀처럼 따르지 못하고…」라고 쓰여 있기 때문이다.

8대 하루나리(春就) 역시 히라타 집안의 칠보를 제자인 하루히로(春寬), 하루히사(春久), 슌류(春龍), 슌초(春朝), 하루토시(春壽) 등에 전수했다. 그러

묵상(墨床)

아고타형(阿古陀形, 세로로 골이 있는 둥근 호박 모양) 철제 술주전자(鐵銚子)

나 하루나리(春就) 자신이 이미 평범한 칠보밖에 제작할 수 없었던 점에서 미루어 짐작해도, 또 하루히로(春寬) 등의 칠보가 지극히 평범한 작품인 점에서 봐도 칠보의 쇠퇴는 심각했고, 이미 이 시대에 히라타 집안에게는 지켜야 할 기술도 없어지게 되었다고 할 수밖에 없을 것이다.

나리유키의 제자인 스가나가 아쓰(菅長厚)는 그 후 가가(加賀)로 옮겨서 「가가(加賀) 칠보」를 만들었다. 당시 이 외에도 오우미(近江)[8]칠보, 히고(肥後)[9]칠보, 다카쓰키(高規)[10]칠보로 불리는 것이 있었지만 그중에서도 주목받은 것은 사쓰마 기리코(薩摩切子)의 근거지인 사쓰마 옆에 있는 히고에서의 독특한 칠보였다.

그것은 히고의 다이묘인 호소카와 산사이(細川三齊)의 집사였던 마쓰모토 이나바오카미(松本因幡守)의 외아들 히라타 히코조(平田彦三)가 시작한 칠보인데, 백금 세공 코둥이 칠보(白金細工鍔七宝)의 기술이 뛰어났다고 한다. 그 아들인 쇼사부로(少三郎) 등도 칠보를 제작했다고 전해지는데 얼마 안 되어 칠보에서 손을 떼고 금은 관계의 일을 관리 감독하는 일을 했다.

사쓰마 기리코라는 것은 이를테면 컷 글라스(cut-glass)로 V자형으로 유리를 성형해서 그 프리즘 효과를 살리는 것인데, 컷(cut) 기법은 서구 스타

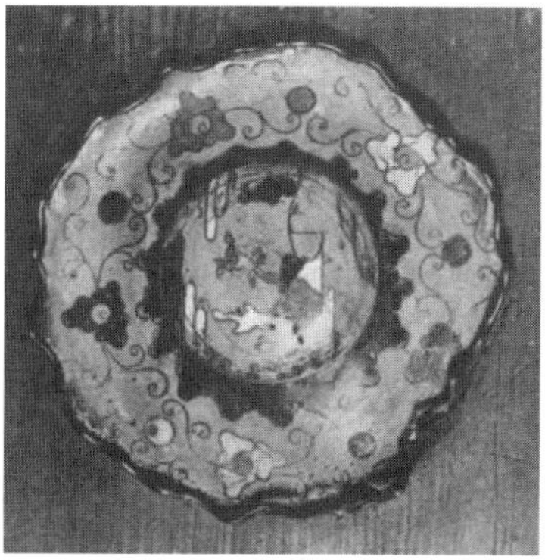

스미야(角屋) 돈스노마(緞子間, 비단방)의 구기카쿠시

스미야(角屋) 아오가이노마(青貝間, 진주조개방)의 오목손잡이

일이 아닌 중국의 옥 만드는 방법을 따랐다고 생각된다. 유리도 또 중국적인 납유리 계통이 많았다.

사쓰마에서는 처음에 의약용의 유리병을 만들기 위해, 시마즈 오리나키(島津齊輿)[11]가 에도에서 유리사(琉璃師) 요쓰모토 카메지로(四本龜次郎)를 초빙했다. 그 후 시마즈 나리아키라(島津齊彬)[12]의 지원으로 가에이(嘉永) 4년(1852)에 동과 금을 사용한 적색 유리 개발에 성공을 거두어 각지에 유리 제품을 판매해서 이익을 올리며, 한때 100명이 넘는 유리 기술자들을 거느렸다. 번(藩)의 슈세이칸(集成館)[13]에서 제조하고 있었는데 나리아키라(齊彬) 사후 후계자가 없는데다, 서양 군함의 포격을 받아 공장이 소실됐기 때문에 대가 끊어지고 말았다.

무가의 대저택 이외의 건축 칠보로는 교토 시마바라(島原)의 스미야(角屋)[14]의 칠보가 유명하다. 그중 하나는 돈스노마(緞子間)[15]에 있는 산수 문양(山水紋) 구기카쿠시이고 또 하나는 아오가이노마(青貝間)에 있는 삼각 와치가이 문양(三角輪違文) 칠보 손잡이이다.

구기카쿠시는 유선 칠보인데 바탕재료인 동이 근대 칠보처럼 좌우 대칭이 아니고 사용 유약의 색도 여섯 가지이며, 전체적인 푸른 색채도 재미있다. 손잡이는 에도 중기의 화가 간쿠(岸駒, 1756~1838)가 그린 산수화 후스마에 사용된 것인데 불투명 유약이지만 보통의 도로(泥) 칠보와 다르다. 이 유곽의 칠보에 사용된 것은 도자기 유약과 비슷하고, 금이 간 것도 많기 때문에 히라타 가(家)의 것으로는 생각할 수 없다.

1 조닌 문화(町人文化): 에도, 오사카, 교토 등 대도시인들에 의해 창조, 발전된 문화로 다도나 꽃꽂이, 음악, 가부키(歌舞伎)나 닌교조루리(人形浄瑠璃) 등의 연극, 우키요에(浮世絵) 등의 풍속화가 발달하였다.

2 조닌: 에도시대 도시의 상인이나 장인 계급의 사람들. 특히 상인들

3 시마바라(島原): 교토시 시모교(下京)의 지명으로 원래 유곽(遊廓)이 있던 곳

4 갸만컵: 갸만은 포르투갈어로 diamante(디아만테)이며 유리를 잘라 세공한 것을 갸만 세공이라고 한다.

5 기리코(切子): 기리코가라스(切子硝子, 컷 글라스)의 약자로 조각이나 세공을 한 유리 그릇

6 비이도로: 포르투갈어로 vidro(비드로)이며 유리 및 유리 세공의 옛말이다.

7 소켄키쇼(裝劍奇賞): 오사카에서 도장구(刀裝具) 등을 파는 잡화상이었던 이나바 신우에몬(稲葉新右衛門)이 쓴 일본 최초의 도장구를 소개하는 책

8 오우미(近江): 현재 마이바라시(米原市)

9 히고(肥後): 구마모토현(熊本縣)의 옛 이름

10 다카쓰키(高規): 오사카부(大阪府)에 있는 시

11 시마즈 오리나키(島津齊興): 에도 후기의 도자마다이묘(外様大名)이며 사쓰마번의 제10대 번주

12 시마즈 나리아키라(島津齊彬): 사쓰마번의 11대 번주이자 도자마다이묘로 사쓰마번의 부국강병에 성공한 명군

13 슈세이칸(集成館): 막부 말기의 사쓰마(薩摩) 번주인 시마즈 나리아키라가 창설한 서양식 공장

14 角屋의 발음에 따른 뜻
① 스미야 - 원래 교토 시마바라(島原)의 유곽을 지칭
② 카도야 - 도로의 코너에 있는 집
③ 즈노야 - 본채와 직각으로 돌출된 동(棟)으로 평면이 L자형 또는 T자형이 되는 집

15 돈스노마(緞子間): 생사(生絲, 삶아서 익히지 않은 명주실) 또는 연사(練絲, 아교질을 없애 희고 광택이 나게 만든 실)로 짠, 광택과 무늬가 있는 두꺼운 수자직(繻子織)의 견직물을 돈스(緞子, 단자)라 한다.

제18장

가지 쓰네키치의 출현

가지 쓰네키치(梶常吉)

일본 칠보가 그대로 소멸해 버리는 위기에 직면했을 때, 돌연 한 사람의 천재 소년이 출현했다. 그가 가지 쓰네키치(梶常吉)이다. 그의 연구와 창의성으로 일본 칠보는 다시 되살아났고 더 발전했다. 그 영향으로 일본 칠보는 막부가 멸망하고 메이지유신이 되고 나서도 계속 발달하여 마침내 메이지 30년경에는 대전성기를 맞기에 이르렀다.

그런데 가지 쓰네키치란 어떤 사람이었던 것일까. 그의 출현에는 지금도 여전히 수수께끼 같은 전설이 남아 있다. 지금으로부터 20년쯤 전에 내가 처음으로 아이치현(愛知縣) 싯포무라(七宝村)[1]를 방문했을 때였다. 비가 심하게 내리는 중에 도시마(遠島)[2]의 진주사마(鎮守様)[3]를 방문해서, 칠보를 시작한 사람(開祖)의 비석을 보았다. 비문(碑文)에는 다음과 같이 칠보의 기원(起源)이 쓰여 있었다.

「가지 쓰네키치는 오와리번사(尾張藩士)인 가지 시우에몬(梶市右衛門)의 차남인데, 분세이(文政) 중기에 사정이 있어서 가이토군(海東郡)[4] 핫토리무라(服部村)[5]로 이주, 가지(梶) 모씨의 양자가 되어 도금을 직업으로 삼았다. 늘 칠보를 해 보려는 마음을 가지고 있었으나, 실물을 구하지 못해 허무하게 세월을 보내고 있었다. 덴포(덴포) 3년(1832) 5월 어느 날, 나고야 골동상인 마쓰오카야 가헤에(松岡屋嘉兵衛)로부터 네덜란드 사람이 구해온 칠보 비슷한 접시를 사서, 그것을 부숴서 제법을 연구하였다. 처음에는 시험 삼아 필통이나 향로, 고봉(香盆, 작은 쟁반)을 만들었는데, 모양이 나쁘거

화롱형(花籠形) 구기카쿠시

기리 문양(桐文) 손잡이

나 망가져서 완전한 것을 만드는 일은 너무나 어려웠다.

그래도 쓰네키치는 포기하지 않고 더욱 연구해서 드디어 직경 5치(15.15cm)의 쟁반을 만들어 마쓰오카야에 보여 주었더니, 명나라 것에 전혀 뒤지지 않는다고 하며 금 5냥을 내고 사갔다. 그 후 필통, 묵대(墨台)[6] 등의 문방구류를 만들었는데, 그 일을 알게 된 번주(藩主)는 쓰네키치를 불러서 필가(筆架)[7], 연병(硯屛)[8] 등을 만들어 보게 했다.

의외로 모양이 훌륭함을 보고는 이것을 막부에 바치게 했다고 한다. 그 후 날이 가고, 해가 갈수록 더욱더 그 정교함이 깊어졌다고 한다. 쓰네키치는 그것을 하야시 쇼고로(林庄五郎)에 전수했다. 쇼고로는 이것을 쓰카모토 가이스케(塚本貝助), 쓰카모토 기사부로(塚本儀三郎)에게 전수했다. 모두 가이토군 핫토리무라 사람인데 가이스케는 이것을 같은 마을 사람인 쓰카모토 진에몬(塚本甚右衛門), 모모노이 에이쇼(桃井英升)와 요코하마 사람 야마모토 마타사부로(山本又三郎) 및 동경칠보회사에 전수했다.

진에몬은 이것을 나고야칠보회사에 전수하고, 에이쇼는 이것을 교토의 나미카와 야스유키(並川靖之)에 전수했다. 조정(朝廷)에서는 쓰네키치에게 은컵(銀盃)을 내려 공로를 치하했다. 노쇠해서 병석에 있던 쓰네키치는 머리 숙여 감읍하며 병이 치유되면 화병 하나를 궁내성에 바치겠다고 맹세했지만, 치료 효험도 없이 메이지 16년(1883) 9월 2일에 향년 81세로 영면했다. 손자인 가지 사타로(梶佐太郎)가 그 업을 이었다」

사실은 이 비문에 몇 가지 의문이 있다. 네덜란드에서 수입한 칠보 그릇을 부숴서 제법을 알았다고 하는데, 칠보를 그렇게 간단하게 알 수는 없을 것이다. 칠보 소지가 동이나 은이라고 하는 정도는 부수어 알 수 있겠지만 칠보를 알기 위해서는 유약 만드는 법, 유약을 올리는 방법, 소성법 등 여러 기법에 대한 지식이 필요하다.

첫째, 네덜란드 수입 운운 하고 전해지는 것은 이미 히라타 도닌의 칠보에 관해 말했던「긴코키쇼(金工奇賞)」에서 조선의 칠보 기법을 배웠다고 하는 것과 매우 유사하다. 특히 네덜란드 칠보를 부수지 않아도 일본에 칠보는 얼마든지 있기 때문에 이상한 일이다.

이런 의문은 본인만 그런 것이 아니다. 메이지 28년(1895)에『노트 온 칠보(일본의 칠보)』를 출판한 제임스 보우는 히라타 도닌이 조선 인에게서 칠보를 배웠다고 하는 전설을 부정하고 금공 기술은 일본 쪽이 발전해 있는데 조선에서 배울 필요가 없다고 했다. 마찬가지로 가지 쓰네키치가 네덜란드의 칠보를 모델로 해서 자신의 칠보를 만들어 냈다고 하는 전설도 부정했다.

보우에 의하면, 가지(梶)의 칠보 작품은 분명히 전통적인 일본 칠보를 모델로 한 것이며, 기술적, 미술적으로도 네덜란드나 다른 유럽 칠보의 영향을 받은 것이 아니라고 한다.

보우는 외국 것은 무엇이든지 멋있다고 하는 맹목적인 신앙에 의해 이러한 전설이 만들어졌다고 주장하고 있는데, 사실 국산품인데도 외국산 브랜드를 붙여서 돈을 번 가방 가게도 있는 일본이기에, 에도 이전부터 외래품에 대한 신뢰는 두터웠던 것이다. 가지 쓰네키치의 작품은 현재 안도칠보점(安藤七宝店)[9]의 칠보박물관 외에 교토미술관에서도 볼 수 있다.

꽃마차(花車) 모양 구기카쿠시 • 슈가쿠인리큐(修學院離宮)

구즈 모양((葛文, 칡잎 모양) 손잡이

보우가 말한 대로 이것이야말로 일본의 전통적인 칠보라는 느낌의 칠보 그릇이다.

그렇다면 네덜란드 운운하는 전설은 어디서 시작된 것일까. 우선 그 기원은 가지 쓰네키치의 사후에 시작되었다. 쓰네키치에게는 스케이치(助一)라는 아들과 이마라는 딸이 있었다. 스케이치는 일찍 죽고, 이마는 데릴사위인 사토 하니로(佐藤半二郎)와 결혼했다가 후에 이혼했다. 딸 이마도 사위 하니로도 모두 칠보를 잘 했지만, 가지 집안은 쓰네키치의 손자가 되는 가지 사타로(梶佐太郎)가 이어갔다.

가지 사타로는 할아버지를 대단히 좋아해서 자신도 칠보를 제조하고 자신이 만든 칠보에는 언제나 「칠보 발명인 가지 쓰네키치(梶常吉) 유족(遺族) 가지 사타로(梶佐太郎) 제조」라고 썼다. 이것으로 보면 정말로 가지 쓰네키치가 칠보를 발명한 것처럼 생각할 수 있고 또 많은 사람이 그렇게 믿었다. 사실 가지 쓰네키치는 황폐했던 일본 칠보를 중흥시킨 위대한 인물이었던 것이다.

가지 사타로가 가전(家伝)으로 소지하고 있던 것이 소위 "칠보기원서(七宝起源書)"였다. 이 책에 의거해서 그 비석이 건립된 것이므로 모두 이 기원서의 신뢰성과 관계된다.

이 기원서에는 비석과 다르게 쓰네키치가 핫토리무라(服部村)의 쓰네카와(恒川)씨의 양자로 들어가 각종 금속 공예를 업으로 하고 있었던 것으로 되어 있다. 그리고 덴포(天保) 원년(1830), 즉 쓰네키치가 27세 때 친가로 돌아가서, 창고 속에 있던 라쿠야키(樂燒)[10]유약의 비전(秘伝)을 적어 놓은 겐키(元龜)원년(1570) 날짜가 기재된 옛날 책을 발견했다. 그 책 속에 칠보의 제작법도 쓰여 있던 것이라고 생각되는데, 이후 쓰네키치는 칠보 제작을 결심하고 고심에 고심을 거듭하여 드디어 완성했다고 하는 것이다.

겐키 원년의 책은 어떤 것일까, 우리들에게는 이해되지 않는 것이 라쿠야키, 즉 도기(陶器)의 책에 왜 칠보의 제법이 나와 있는가이다. 또 별도로 전해지는 바에 의하면 그 라쿠야키는 루리(瑠璃)였다고도 한다. 막부 말경에 루리라고 하는 말은 루리가와라(瑠璃瓦)[11]라든가 루리카케스(瑠璃懸巣)[12]라든가 일반적으로 색채에 관한 용어로 바뀌었다. 예전에는 칠보나 유리를 나타냈던 말이 시대와 함께 변해서 마침내 색채어로 바뀌었던 것이다.

루리가와라는 도기에 산화코발트를 유약으로 칠해서 소성한 기와의 총칭이다. 루리야키(瑠璃燒)라고도 한다. 라쿠야키는 에이쇼(永正) 년간(1504~1520)에 아메야(阿米夜, 1493-1574)[13]라고 하는 사람이 대륙으로부터 들여와서 보급시켰다고 하는데, 그는 나중에 소우케이(宗慶)로 고쳐 교토 조자마치(長者町)에서 라쿠야키를 시작했다. 여기에서도 외국에서 온 문물이라고 하는 것이 이야기의 축이 되고 있다.

그런데 그 아들인 조지로(長次郞)[14]와 조케이(常慶)는 히데요시의 사랑을 받아 '라쿠(樂)'라는 금인(金印)을 받고 성을 라쿠(樂)로 바꿨다고 한다. 라쿠야키에서는 유명하게 된 인물이 많다. 혼아미 고에쓰(本阿弥光悅), 오가타 겐잔(尾形乾山), 히라가 겐나이(平賀源內) 등과 센노리큐(千利久)나 고보리 엔슈(小堀遠州)도 라쿠야키를 구웠다. 라쿠(樂) 가의 3대인 라쿠 도뉴(樂道入)

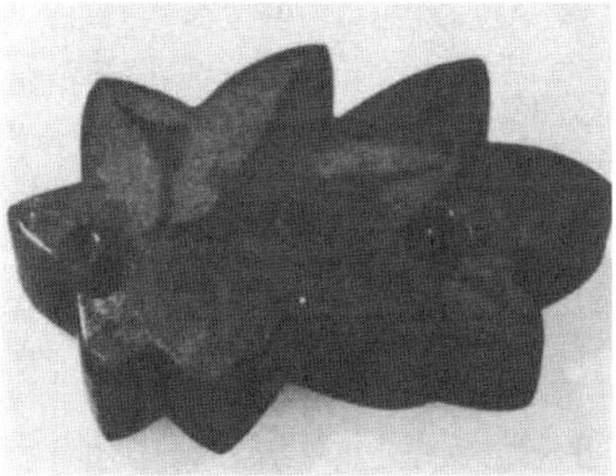

단풍잎 모양(紅葉形) 연적

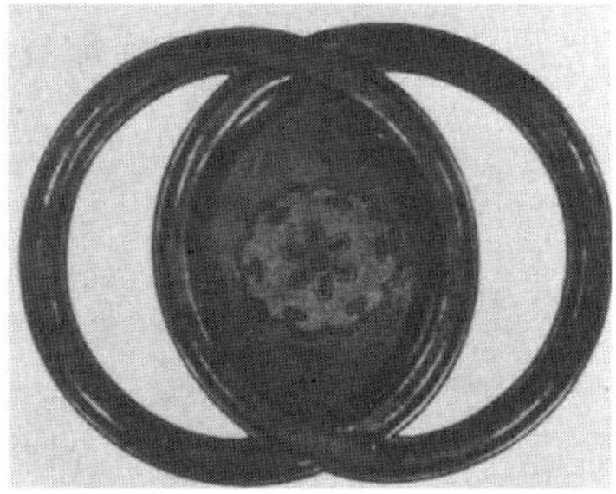

유키와치가이(雪輪違, 눈과 이중원의 모양) 오목 손잡이

는 별명이 '논코[15]'로 불리며 천재라는 이름을 제멋대로 사용했던 인물이었다.

라쿠야키 유약의 비전(秘伝)을 받은 가지 쓰네키치가 그것을 동이나 은 등의 금속바탕에 칠해서 구웠다고 한다면 칠보가 될 리가 없다. 왜냐하면 라쿠야키의 유약은 산화코발트, 망간, 철, 벤가라[16], 석영, 탄산염, 백옥 등으로 만들어져 있어서 바탕재료를 토기로 한다면 분자결합하지만, 금속바탕과는 결합하지 않는다.

금속바탕과 결합하게 하기 위해서는 대량의 납을 혼합하는 것이 필수인데, 당시의 유약 기술에는 그 이외의 분자결합법이 알려져 있지 않았다. 라쿠야키의 유약으로는 칠보가 불가능한 것이다. 그렇다면 가지 쓰네키치는 칠보의 원리와 유약의 조성에 관해 누군가로부터 지도를 받은 것이 틀림없다. 납을 넣은 유약의 소성법이 판명되어야 비로소 칠보의 길이 열릴 수 있었던 것이다.

1 싯포무라(七宝村): 현재 싯포초

2 도시마(遠島): 현재 싯포초의 동네 이름

3 진주사마(鎭守様): 그 지역의 주민을 화재 등 재난으로부터 지켜주는 신

4 가이토군(海東郡): 현재 아이치현 나고야시

5 핫토리무라(服部村): 현재 싯포초의 동네 이름이다.

6 묵대(墨台): 간 먹을 얹어 두는 작은 받침

7 필가(筆架): 붓을 얹어 놓는 작은 대

8 연병(硯屛): 바람을 막거나 먼지나 먹 따위가 튀는 것을 막기 위하여 벼루 머리에 치는 작은 병풍

9 안도칠보점(安藤七宝店): 메이지 13년(1880)에 나고야에서 창업, 23년에 도쿄 긴자(銀座)에 지점을 개설하고, 메이지 33년에 궁내성 납품점이 되었다. 메이지 33년에 파리, 34년에 글라스고(스코틀랜드), 35년에 러시아, 37년에 세인트루이스, 39년에 밀라노 만국박람회 등에 출전해서, 매회 금상, 명예대상 및 그랑프리를 수상했다. 쇼와 27년(1952)에는 문화재보호위원회에 의해 칠보 기술 기록 작성을 위촉받았고, 쇼와 32년(1957)에 문화재보호위원회로부터 칠보의 무형문화재 지정과 동시에 무형문화재 선정 공장의 지정을 받았다.

10 라쿠야키(樂燒): 낮은 온도에서 구운 도기

11 루리가와라(瑠璃瓦): 진한 청색인 유리색 유약을 바른 기와

12 루리카케스(瑠璃懸巣): 전체가 짙은 적갈색이고 꼬리는 흑색, 머리는 흰 바탕에 검은 점, 날개는 백·청·흑색인 아름다운 새로 천연기념물로 지정되어 있다.

13 아메야(阿米夜, 1493-1574): 조선의 도공. 또는 명나라 사람이라는 말도 있다. 에이쇼(永正) 연간에 교토에서 라쿠야키(楽焼)의 기초를 만들었다.

14 조지로(長次郎): 센노리큐(千利休)의 지도하에 낮은 온도에서 굽는 다기를 구워서 도요토미 히데요시로부터 라쿠(楽)라는 성을 하사받았다.

15 논코: 센노소단(千宗旦)이라는 다인(茶人)이 도뉴(道入)에게 대나무로 만든 꽃병을 논코라는 이름을 지어서 선물했는데, 도뉴가 마음에 들어 옆에 두었다. 그 후 도뉴를 방문하는 것을 논코에 간다고 했고, 후에 라쿠 집안에서 유능한 공인을 가리키는 말로 사용했다는 설과, 에도 초기의 남자 머리 모양의 논코와 관련이 있다는 설이 있다.

16 벤가라: 적색 안료, 연마제의 하나로 산화제이철을 주요 발색 성분으로 한다.

제19장

주목 받았던 동양의 칠보

[왼쪽] 화병 • 가지 사타로(梶佐太郎) 작품으로 추정
[오른쪽] 가을풍경(秋景) 야타테(矢立)[1] • 가지 쓰네키치(梶常吉銘) 작품

서화 골동의 애호가들은 일종의 마니아이다. 훌륭한 미술공예품도 수집하지만 그저 진기하기 때문에 수집하는 것도 적지 않다. 난세이제도(南西諸島)[2]의 목각 인형이 지금도 관광객의 수집 욕구를 모으고 있는 것은 그 모양이 진기하기 때문이지 예술적이기 때문은 아니다.

외국의 물건, 그것도 옛날 물건이 인기를 끄는 것은 그 희소가치와 이국적 호기심(exoticism) 때문이다. 중국의 칭타이란(景泰藍)[3]이 인기를 끈 것은 바로 그런 것이다. 가지 쓰네키치에 의해 다시 일으켜진 일본 칠보가 메이지에 들어와서야 갑자기 세계 수집가들의 주목의 대상이 되고, 견제품 등과 같은 주요 수출품이 되었다고 하는 역사 속에서 반드시 생각해두지 않으면 안 되는 것이 중국의 칠보다.

중국 칠보의 역사는 청동기 문화와 관련하여 발달했다. 이미 지금으로부터 3,000년 전의 옛날 은나라와 주나라시대에 훌륭한 청동기를 만들어 낸 중국에서는, 그 후 납유리의 개발을 전후해서 색유리를 청동기의 표면에 접착하는 특수한 기법이 발달했다. 처음에는 옥으로 불리는 귀석류를 청동의 오목하게 파여진 부분(凹)에 접착했는데, 후에는 입자 모양의 유리 후릿트나 널빤지 모양의 유리 슬라이스를 접착하게 되었다.

이것은 청동과 유리가 용착하지 않는다는 점에서는 칠보가 아니지만 외견상은 멋진 칠보였다. 그 후 중국에서는 도자기가 발달하였고 또

칠보 쓰나기 문양(繫文) 발(鉢) • 가지 쓰네키치 작품

당초 문양 팔각 화병(唐草文八角壺)

칠보 향합(七宝香盒) • 가지 쓰네키치 작품

한 옥공예가 이상할 정도로 인기가 있었으나 칠보는 발전되지 못했는데, 명나라시대에 와서 돌연히 칠보가 번성하게 되었다.

특히 칭타이(景泰) 연간(1450~1457)에 이르러 전성기에 달했다.

중국에서는 칠보를 지금도 칭타이란(景泰藍)이라 부르고 있는데 그것은 이 시대의 칠보가 남색으로 뛰어났다는 점에서 온 호칭이었다. 이 칭타이란은 중국은 물론 일본, 영국, 프랑스, 네덜란드, 독일 등 세계의 수집가를 사로잡았다. 그리고 명나라를 지나 청나라시대에 이르러서도 그 인기는 시들지 않고 오히려 희소가치로 가격이 아주 높아졌다.

불과 6년이라는 칭타이 연간에 만들어진 칭타이란이 매수자의 인기를 모았지만 후세의 칠보가는 아무리 해도 만들 수 없었다. 그래서 중국에는 칭타이란의 모조(模造)가 시작되었다. 모조 중에는 그 시대의 것을 완벽하게 복사한 것과 그렇지 않고 후세의 제품에 연호 마크만 칭타이로 한 것 두 가지가 있다. 특히 칭타이부터 300년 후의 치엔롱(乾隆) 연간에 제작된 가짜 칭타이란은 유명했다.

이렇게 칭타이란의 인기에 힘입어 중국 칠보는 주요 수출품으로서 세계 시장을 석권했는데, 청나라 말에 여러 나라의 중국 침범이 심해지자 칠보 제작도 정체되고 아편전쟁 등으로 인하여 피폐해진 중국 경제는 결정적인 손해를 입고 말았다. 바로 그때 등장한 것이 일본 칠보다. 메이지 10년(1877)까지 한정해서 말한다면, 일본에서 생산된 칠보의 대부분은 수출되고 말았기 때문에, 그 시기의 연구는 외국인 쪽이 유리하다. 실제로 제임스 보우를 비롯해 외국의 연구가에 의한 '일본의 칠보' 저작물 출판이 잇따랐던 것이다.

거기에서 생각하지 않으면 안 되는 것이 일본의 칠보가 일본 칠보로서 가치를 창출해 낸 것이 아니라고 하는 유감스런 사태이다. 치엔롱 연간의 중국 칠보 공예가가 칭타이란의 모조로 돈을 번 것처럼, 일본의 칠보 공예가는 중국 칠보를 모조해서 팔았던 것이다.

미국과 유럽 사람들에게는 중국도 일본도 모두 같은 동양의 이국(異國)이다. 오늘날도 구미인은 일본적인 전통 공예를 좋아하지 않고 중국적인 색채나 모양을 애호하고 있다. 일본 문화를 일본 문화로 받아들이게 된 것은 전후(戰後)인데, 칠보에 관해서는 중국 칠보의 인기가 출중했고 일본적인 칠보는 친일가라든가 지식인 등 한정된 애호가밖에 없었다.

일본의 디자인은 고도로 세련되고 정형적인데, 내가 외국에 가서 이러한 일본적인 칠보를 보여줘도 거의 관심을 보이지 않는다. 그에 반해 중국 칠보는 그들의 호기심을 이상하게 자극했다. 신축 서양식 방에 확고한 공간을 구성한다고 그들은 생각했다. 중국 칠보는 오리엔탈인 동시에 고대적이고 토속적인 민예품으로서 사랑받았다. 그에 반해 일본 칠

[왼쪽] 당초 문양 화병(唐草文花瓶) • 가지 사타로(梶佐太郎) 작품
[오른쪽] 야스지(安次)의 기이한 동물 화병(奇獸面壺)

보는 근대적이고 공예품적이어서 그들의 감각을 자극하지 못했다.

이처럼 일본 칠보가 고객을 종래의 다이묘에서 외국인으로 대체하려는 목적을 가졌을 때, 당연히 중국 칠보가 모델이 되었다는 것은 확실하다. 마에다 집안이 소장하고 있는 화려한 칠보 구기카쿠시 등으로는 장사가 되지 않고, 외국인이 공예품보다는 민예품에 가까운 모양과 디자인의 중국 칠보에 흥미를 갖는 이상, 일본인 입장에서 본다면 그것은 어쩔 수 없는 상업적 선택이었던 것이다.

메이지 10년(1877)까지의 칠보는 도저히 일본 칠보라고 생각할 수 없는 중국색이 농후한 것이었는데, 그것을 가능하게 한 것은 유약이다. 가지 쓰네키치가 만든 유약은 단순한 불투명 유약이 아니고 후에 도로(泥) 칠보로 불린 것처럼 완전히 광택이 없는 것이다. 원래 도로 칠보라 하는 것은 도로에구(泥繪具)[4]라고 하는 에도시대의 호칭에서 유래된 것인데, 도슈사이 샤라쿠(東洲齊寫樂)[5] 등이 일시적으로 많이 사용한 독특한 것이었다. 이것은 일본화를 그리는 안료에 석회질의 도로(泥)를 섞어서 불투명감을 북돋은 것으로 무엇보다 값이 쌌기 때문에 시골 유랑극단의 간판이

[왼쪽] 중국의 옛날 동기를 모조한 칠보(中國古銅器模造七宝)
[가운데] 당초 문양 표주박 모양의 화병(唐草文瓢形花瓶) • 메이지 10년대
[오른쪽] 메이지 초기의 도로칠보 발(泥七宝鉢)

나 배경에 사용됐다. 강렬한 느낌과 토속적인 현장감이 넘쳐, 살인 장면 등에 적합해서 도로에(泥繪)[6]로 불렸다.

가지 쓰네키치가 만들어 낸 유약에는 금속산화물 외에 불용성의 석질(石質)이 섞여 있던 것으로 생각된다. 칠보 제품의 표면이 거칠게 되고 광택이 없어진다는 것은 표면에 요철이 있다는 것인데 오목한 부위는 크고 작은 여러 가지 바늘 구멍이 생기고, 돌출된 부위는 불용성 석질로 까칠까칠하다. 전체적으로 유약의 용융이 나쁜데 그것이 오히려 중국 칠보를 모방하는 데 유용했다는 것이 재미있다.

일찍이 도쇼구의 훌륭한 이키센묘쿄(位記宣命筥)를 만들어낸 기술은 사라지고 도로 칠보로 멸시받는 조악한 제품을 만들어 내는 것에 의해 일본 칠보는 돌연 세계 시장성을 획득한 것이다. 반 고흐(Vincent van Gogh)가 일본 풍속화의 팬이었던 일은 유명한데 그 친구인 폴 고갱(Paul Gauguin)이 일본 칠보의 팬이었던 사실은 의외로 알려져 있지 않다. 고갱은 그의 일기에서 일본 사람들이 만든 칠보 화병을 격찬하며 「그 멋진 칠보 화병, 그것은 꿋꿋한 인내와 기교와 취미를 필요로 한다」라고 했다.

일본인이 전통적인 섬세한 기교를 버렸을 때 도리어 그 소박한 토속성으로 사랑받았다고 하는 것은 문명의 장난일 것이다. 고갱에게는 유감이지만 싯포무라(七宝村)의 칠보가들은 멀리 요코하마(横浜)까지 짐수레에 칠보를 싣고 가서 외국인들에게 어떤 칠보가 좋은지 물으며 다녔다. 외국인들이 좋아한 것은 칠보가들의 감성과는 전혀 다른 그 중국적인 칠보뿐이었다. 마을 사람들은 '왜 저런 것을 외국인들은 좋아할까'하고 이상해 했다고 고(故) 하야시 사다노부(林貞信)는 말했다. 하야시 사다노부는 싯포무라의 개조(改組) 하야시 쇼고로(林庄五郎)의 손자였다.

제임스 보우는 가지 쓰네키치가 오와리(尾張) 번주에게 칠보를 헌납한 사실을 의심스럽다고 쓰고, 그 이유로 오와리번에 가문(家紋)이 들어간 칠보가 없다고 하는 점을 고집하고 있지만, 다이묘에 칠보를 헌상하는 경우 모두 가문을 넣는 것은 아니고 그것은 주문하는 사람의 자유였다. 게다가 가지 쓰네키치는 칠보 작가 이전에 칠보의 개발자인 교사로서 더욱더 유능했다.

쓰네키치는 손자인 사타로(佐太郎)에게 칠보를 가르쳤는데, 사타로는 자주 그 가르침에 따라 명품을 만들었다. 지금 그 일부는 하마나코(浜名湖)[7] 부근의 호코지(方廣寺)에 다섯 점이 소장되어 자유롭게 볼 수 있다. 쓰네키치는 또 가에이(嘉永) 6년(1853)에 요시무라 타이지(吉村泰二)에게, 안세이(安政) 3년(1856)에는 하야시 쇼고로(林庄五郎)[8]에게 칠보를 가르쳤다. 모두 아이치현(愛知縣) 사람이었는데, 하야시 쇼고로라는 유능한 인물을 낸 곳이 싯포무라이다.

1 야타테(矢立): 먹통과 붓통이 달린 휴대용 필묵 또는 활을 넣어 가지고 다니는 도구

2 난세이제도(南西諸島): 규슈(九州) 남단에서 대만 북동에 걸쳐 위치하는 오키나와 등의 섬들의 총칭이며 류큐(琉球) 열도라고도 불린다.

3 칭타이란(景泰藍): 명나라시대부터 만들어진 공예품으로, 옛날부터 중국의 교역용 공예품으로서 중요한 위치를 차지한다. 현재 그 만드는 기술은 국가급비물질문화유산(무형문화재)으로 등록되어 있다.

4 도로에구(泥繪具): 호분(胡粉)이나 백토(白土)를 섞어 만든 염가의 분말 상태 물감으로 물에 녹여 걸죽한 상태를 만들어 사용한다. 불투명하고 탁하다.

5 도슈사이 샤라쿠(東洲齊寫樂): 에도시대 중기의 우키요에(浮世絵, 에도시대에 성행한 풍속화)를 그린 화가

6 도로에(泥繪): 에도시대부터 메이지시대에 걸쳐 그려진 풍속화의 일종. 안료에 호분을 섞어 직접 붓으로 그린 불투명한 색조의 풍속화를 말한다.

7 하마나코(浜名湖): 시즈오카현(静岡縣)에 있는 호수

8 하야시 쇼고로(林庄五郎): 막부 말~메이지시대의 칠보공. 가지 쓰네키치에게 칠보를 배워 쓰카모토 카이스케(塚本貝助)에 전하였고, 도시마(遠島) 칠보의 시조로 불린다.

제20장

싯포초의 역사

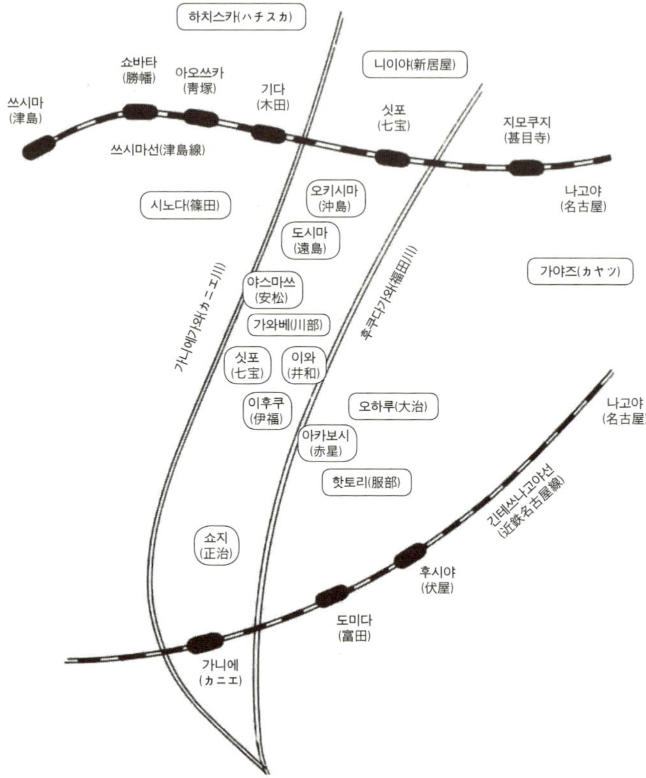

메이지시대 싯포초(七宝町) 주변도

메이지시대 칠보 생산지로서 싯포초(七宝町)의 이름은 유명하다. 이 지역에서 칠보를 생산하고 있던 곳은 의외로 많은데 위의 지도는 그 일부이다. 그 주변은 나고야시의 서쪽에 위치하고, 소위 오와리(尾張) 평야의 일부를 점하고 있다. 동쪽으로는 후쿠다가와(福田川), 서쪽으로는 가니에가와(蟹江川)가 있어서 옛날부터 물을 이용하기 쉬워 농업 지역이었다.

이들 농촌에서 가지 쓰네키치의 지도로 칠보가 생산되기 시작한 것은

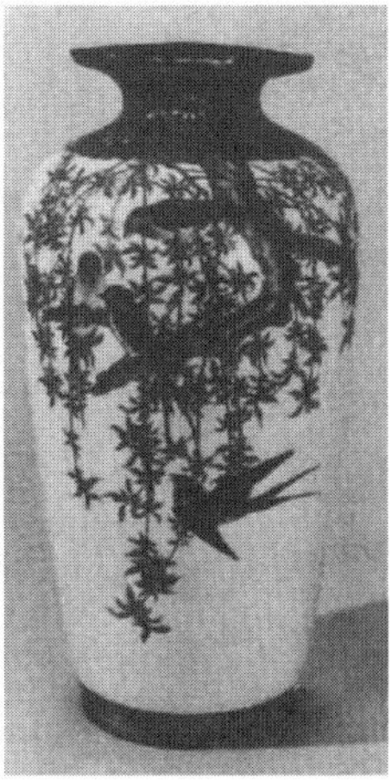

버드나무와 제비 그림 화병(柳燕図花瓶) • 다케우치 추베에(竹內忠兵衛)1 작품, 도쿄국립박물관 소장

막부 말기부터인데, 칠보를 시작한 마을은 쇼지(正治), 핫토리(服部), 가야즈(萱津), 도시마(遠島), 야스마쓰(安松), 시노다(篠田), 아카보시(赤星), 하치스카(蜂須賀), 오하루(大治), 이와(井和) 등 여러 마을에 달했다.

칠보처럼 어려운 공예품이 왜 이렇게 넓은 농촌에 확대되어 있던 것일까. 오와리 평야는 일찍부터 문화 수준이 높고, 농촌 지대에 있으면서도 각종 수공업이 발달했다. 오와리 전체가 요업 기술이 높았고 그 중심은 세토(瀨戶) 지방[2]에 있었는데 요업 기술자가 오와리 각지에 이주해서 그 기술을 전파했다. 앞의 지도에 보이는 이후쿠(伊福)라 하는 곳은 일찍이 대장장이들의 집단 마을이었다. 이후쿠는 원래는 히후쿠(火吹)로 역시 요업의 마을이고 전통적인 시골 마을이었다. 가지 쓰네키치가 양자를 간 핫토리 마을은 이후쿠의 옆 마을이었고, 양가(養家)인 쓰네카와(恒川) 집안도 또한 금속 소성을 하는 집이었다고 한다. 금속 소성이란 소위 주조(鑄造)하는 일이라고 추정된다.

가지(梶)는 자신의 칠보 기법을 가야즈 마을의 요시무라 타이지(吉村泰二)와 도시마 마을의 하야시 쇼고로(林庄五郎) 등 두 명에 전수했다. 두 사람 모두 금속 가공업자였던 것일까. 지도에 의하면 가야즈 마을은 지모쿠지(甚目寺) 마을에 속하는 작은 마을로 핫토리 마을에서는 약간 떨어져 있다. 이 마을에서 칠보를 시작한 요시무라 타이지는 그 기술을 다른 사람에게 전하지 않고 당대에 단절시키고 말았다. 그러지 않았다면 싯포초는 가야즈 마을에 있게 되었을 것이다.

한편 도시마 마을의 하야시 쇼고로는 쓰가모토 가이스케(塚本貝助)와 쓰가모토 기사부로(塚本儀三郎) 두 사람에게 가르치긴 했으나, 아무래도 가장 중요한 기법은 가르치지 않았던 것 같다. 가야즈 마을의 타이지도 결국은 그 기술을 가르치지 않았기 때문에 마을의 후계자가 단절되고 말았다. 이러한 것이 일본 칠보 역사의 특수성일 것이다. 하야시 쇼고로 같은 인물조차 제자인 가이스케에게 유약을 구입하는 곳을 가르쳐 주지 않았다. 그래서 가이스케는 어느 날 스승을 미행하여 스승이 사러 들어간 약제점을 찾아내 간신히 바라던 유약을 구할 수 있었다고 한다.

이때 가이스케가 구했던 유약은「청색파리(青色玻璃)」라고 하는데 어쩌면 도기용의 유리 유약이었을 것이다. 원래 가이스케의 아버지는 도시마 마을에서 양중산(養中散)이라는 한방약 제조점을 하였는데, 가이스케는 어릴 때부터 솜씨가 좋아 가게의 간판을 스스로 고안하여 목제로 제작했다. 뜻하지 않게 하야시 쇼고로에게서 칠보 기법을 전수받자마자 가이스케는 담배(煙草)를 넣는 통이나 칠보 구슬 등을 제작했다고 전해진다. 만엔(万延)[3] 연간의 일이다.

가이스케는 은사인 하야시 쇼고로를 능가하는 연구심과 과학적 재능을 타고났을 뿐만 아니라, 미술공예적 재능도 뛰어났다. 칠보 제조 공정을 연구하고 큰 작품을 만들기 위해 고심을 계속하는 한편, 종래의 당초문양 일변도인 칠보에 야마토에(大和繪)[4]풍의 미술을 창조해서 추가했다. 이를 위해서 종래의 도로(泥) 칠보로는 미려함이 부족하기 때문에 유약의 개량에 몰두했다. 그리고 다음 해 독일인 과학자 바그너와 협력해서 독일에도 없었던 우수한 투명 유약을 개발하는 일에 성공했다.

도시마 마을의 칠보는 점차 각지에 알려졌는데 이는 쓰가모토 가이스케에 의한 공이 크다. 가지 쓰네키치나 하야시 쇼고로는 아무리 해도 칠보로 큰 작품을 만들 수 없었다. 가이스케는 처음에 많은 실패를 거쳐 직

사계절 꽃과 새 그림 화병(四季花鳥図花瓶) • 나미카와 야스유키(並河 靖之) 작품, 궁내청 소장

경 20cm, 깊이 3cm 정도의 칠보 용기를 만드는 데 성공했는데, 이 작품은 나고야시 조자마치(長者町)의 에도야(江戶屋) 주베에(重兵衛)에게 금 3분(分) 2주(朱)(1냥 = 37.5g = 4분. 1분 = 4주)에 팔렸다. 얼마 지나지 않아 가이스케는 직경 32cm의 큰 접시에 나고야성을 야마토에(大和繪)풍으로 배치한 대작을 완성했다. 근대 칠보의 최초의 금자탑이었다. 이 칠보 큰 접시는 나고야시 덴마초(伝馬町)에 사는 가시와야(柏屋)의 쇼로쿠(庄六)가 의뢰한 것이었다.

칠보에 대한 관심이 높아지고 칠보 접시 등이 고가에 거래되면서 당연히 경쟁 상대가 출현하게 되었다. 오와리는 도기의 생산지이므로 그 전통 기법을 살려서 도기에 칠보를 소성시켜 보자는 발상이 생겨난 것은 당연했다. 도기를 바탕으로 하면 소성도 쉽고 양산(量産)도 가능하다는 그런 생각이었을까. 이렇게 해서 막부 말기부터 갑자기 도태(陶胎) 칠보 제조가 성행하게 되었다. 쓰가모토 가이스케도 경쟁상 똑같이 도태 칠보를 제조했고 이 방면에서도 훌륭한 작품을 남기고 있지만, 그중에는 조잡한 물건을 마구 만들어서 크게 돈을 버는 기술자도 나오게 되었다. 나고야 호로쿠초(炮烙町)의 도공들은 대량의 도태 칠보를 제작해서 일시적으로 칠보의 본류가 이 지역으로 이동해 버렸다는 견해까지 있었다.

그런데 도기 바탕에 유리 유약을 올려서 소성한 경우, 분자결합과 팽창률의 차이 때문에 세월과 함께 보기 흉한 균열이 생기는 것은 자명한 일이다. 그러나 당시 칠보 공예가들은 그것을 알지 못했다. 구입자들로부터 불만이 쇄도하였고, 메이지에 들어오면서 외국인 고객들로부터도 불평이 들어와서 언제부터인지 도태 칠보는 사라지게 되고 말았다.

막부 말기부터 메이지 초기까지의 일본 칠보는 분업이라는 것이 없었기 때문에 동으로 여러 가지 모양의 바탕재료를 만들어 칠보를 올리고 소성하여 연마하는 것을 모두 혼자서 했다. 그만큼 상당한 재능이 없으면 할 수 없었고 자금도 필요했다. 그런데 쓰가모토 가이스케가 나고야성을 그린 칠보 큰 접시가 11량이라는 엄청 비싼 판매가가 붙여졌기 때문에 도시마 마을을 비롯해서 근처 마을 사람들이 속속 칠보를 제작하기 시작했다.

도시마 마을의 가이스케의 형인 쓰가모토 기사부로(塚本甚三郎)와 조베에(増兵衛) 두 명, 야스마쓰 마을의 핫토리 마고자에몬(服部遜左衛門), 시노다 마을의 미야지 고덴지(宮地小伝治), 오키시마(沖島) 마을의 구메노 다다미쓰로(粂野忠三郎), 가와베(川部) 마을의 히라카와 류스케(平川柳助), 니이야(新居屋) 마을의 야마다 야헤에(山田弥兵衛) 등이 모두 가이스케에게 칠보를 배워서 칠보 공예가가 되었다. 당시 일본 칠보를 특히 애호한 것은 프랑스였다. 전술한 바와 같이 화가 고갱도 일본 칠보를 좋아한 사람인데, 그들 입장에서 보면 먼 이국땅에서 만들어진 칠보는 신기한 이국적인 느낌이 감돌고 있었음이 틀림없다. 프랑스인은 세계에서 칠보를 제일 좋아하는 국민이기 때문에 더욱더 일본 칠보의 최고 고객이 되었다. 가이스케들의 칠보는 이렇게 거의 프랑스로 건너가서 현재 우리들이 볼 수 없는 것은 유감스런 일이다.

메이지유신으로 요코하마가 개항하면서 갑자기 칠보 공예가들은 매우 바쁘게 되었다. 도쿄, 요코하마, 고베 등 항구가 있는 도시의 기업가들은 외국인이 구하려는 칠보에 관한 지식이 없어서 가이스케들의 협조

[왼쪽] 꽃마차 그림 화병 • 대일본제조칠보회사 공인 스즈키 세이치로(鈴木清一郎) 작품, 도태(陶胎) 칠보
[오른쪽] 꽃과 새 그림 팔각 큰 화병(花鳥圖八角形大花瓶) • 메이지 시대 중기

를 구하지 않을 수 없었다. 메이지 4년(1871) 11월에 쓰가모토 가이스케는 요코하마의 기업가 야마모토 마타사부로(山本又三郎)의 초청을 받아 7개월에 걸쳐 기술을 지도했다. 이런 점에서 가이스케의 인품과 자신감을 엿볼 수 있다.

메이지 5년(1872)에 높이 45cm의 꽃과 새 무늬 화병(花鳥紋花瓶)을 만들었는데 그것이 바그너에 의해 오스트리아에서 열린 만국박람회에 출품 되었다. 일본 칠보가 만국박람회에 전시된 것은 이것이 최초였다. 이것은 당시 유럽의 칠보 공예가들을 놀라게 했고, 그 도안이나 정밀한 기법이 주목을 받았다고 전해진다.

메이지 8년(1875)에 도쿄 쓰키지(築地) 41번지에 아렌스상회가 창설되어 칠보 제조를 시작했다. 이곳 기술장으로 고용된 가이스케는 그의 아들 진스케(甚助), 진쿠로(甚九郎)를 비롯해 모모노이 에이쇼(桃井英升), 하야시 하치자에몬(林八左衛門) 등 제자 십 수 명을 인솔하고 집단으로 입사했다. 가이스케는 자식이 많은데도 잠시 칠보 연구에 빠져서 미친 사람 취급을 당하고 가산이 기울어 몹시 가난했는데, 드디어 이곳에서 햇빛을 볼 수 있었던 것이다.

막부 말기에는 이미 일본 칠보가가 30명에 달했는데 모두 오와리(尾張) 사람들이었고, 다른 곳은 교토의 요시다 야스베에(吉田安兵衛) 단 한 사람이 외롭게 있을 뿐이었다. 지금도 본(本)칠보라든가 오와리 칠보라고 하는 말이 남아 있는 것도 칠보의 진짜는 오와리 칠보라고 하는 고정된 전통 때문이다. 쓰가모토 가이스케라는 뛰어난 수완을 가진 칠보 공예가로 인해 일본 칠보는 세계로 비약하기 시작했는데, 그것을 받쳐준 두 사람의 인물이 등장하게 된다. 한 사람은 쓰가모토 가이스케 자신이고 또 한 사람은 독일인 바그너이다.

1 다케우치 추베에(竹內忠兵衛): 메이지 4년, 가내 공업에서 탈피하여 근대적인 산업으로 나고야에 칠보 회사를 설립한 인물이다. 특히 제1, 2회 내국권업박람회(메이지 10년, 14년)에서 성행했던 도자태 칠보(陶磁胎七宝, 동이나 은 등의 금속 소지 대신 도기나 자기를 사용해서 그 위에 칠보를 올려 구운 것)를 출품하여 2회 모두 수상하였다.

2 세토(瀨戶) 지방: 나고야 도심에서 북동쪽으로 약 18km 되는 지점(오와리 세토역)에 해당하는 아이치현 북·중부지방을 말한다.

3 만엔(万延): 에도 말기, 고메이(孝明) 천황 때의 연호(1860. 3~1861. 2)

4 야마토에(大和繪): 헤이안시대 이후의 전통적 양식에 의한 산수, 풍속화의 총칭

바그너 일화 ①

제21장

바그너 비(碑)

근대 칠보의 기초를 만들어 낸 사람으로 독일인 화학자 바그너(Gotfried Wagner, 1831~1892)[1]를 꼽는 것은 당연한 일일 것이다. 보통 그는 칠보 유약의 연구에서 일본 칠보에 기여했다고만 전해져 오는데 사실은 그렇게 단순한 것은 아니었다. 바그너는 일본 칠보에 기술적이고 미술적인 측면에서 도움을 준 것에 머물지 않고, 일본 칠보를 세계에 정열적으로 소개한 매우 소중한 인물이었다.

바그너는 1831년 독일 하노버의 관리 집안에서 태어났다. 천성이 내향적이고 노력가였던 그는 특히 수리학에 뛰어나서 유명한 수학자인 가우스 밑에서 배우고, 괴팅겐대학에서 베를린대학으로 진학한 수재였다. 프랑스와 스위스 학교에서 교사가 되었지만, 처세가 부족한 그는 오래 지속하지 못하고 친구의 추천으로 동양에서 재능을 살리기 위해 메이지 원년(1868) 5월 나가사키(長崎)에 도착했다.

실의에 빠져있던 바그너를 맞은 것은 나가사키에 비누 공장을 건설하려고 했던 미국의 라세르상회였다. 시기상조로 그 계획은 실패했지만, 도기의 마을인 아리타(有田)[2]에서 바그너를 초빙했다. 그것이 일본과의 인연이 되었다.

일본의 도자기업은 그때까지 자연유(自然釉)[3]를 중심으로 제조되어 왔다. 요코하마(横浜) 개항 이후 산화코발트 등의 화학 유약이 수입되었지만 아무도 그 유약의 사용법을 몰랐다. 바그너는 군레이(郡令)[4]인 하쿠타

교토의 세이미샤(舎密舎) • 메이지시대

현재는 도다(銅駝)미술공예고가 위치해 있으며 세이미샤의 유래 안내판을 볼 수 있다.

케 사쿠주(百武作十)의 요청으로 석탄 연료를 사용하는 도기 가마(陶器窯) 제조를 지도하곤 했다. 그러나 아리타에서의 일에 만족하지 않았던 그는 도쿄로 와서 대학남교(大學南校)[5]와 동교(東校)[6]에서 교편을 잡는 동시에 일본의 칠보, 도자기업, 칠기 등의 공예품에 특히 주목하고 연구를 진행했다. 그때가 메이지 4년(1871), 바그너의 나이 28세였다.

당시 고용된 외국인 교사들은 대개 6년의 계약 기간이 지나면 보너스를 받고 귀국하는 것으로 되어 있었다. 그러나 바그너는 결국 일본에 뼈를 묻게 되었는데, 그것은 그가 보수에 얽매이지 않고 일본의 훌륭한 공예품을 육성하는 일에 정열을 기울였기 때문이었다. 그는 급여의 태반을 일본 공예를 위해 소비하고도 조금도 후회하지 않았다.

메이지 6년(1873) 5월 1일 오스트리아 비엔나에서 만국박람회가 개최되어 일본 정부에도 참가 요청이 왔다. 만국박람회가 무엇인지 정부의 그 누구도 알지 못했던 상황이었기에 바그너가 특별히 뽑히게 되었다. 바그너는 독일인이면서 일본 공예에 정통하고 또 일본어도 할 수 있을 뿐만 아니라, 오스트리아는 독일어권이어서 아주 안성맞춤이었던 것이다. 게다가 바그너는 이전에 런던만국박람회(1862)도 견학한 적이 있어

화병 • 나미카와 야스유키(並河靖之) 작품

당풍속 문양 칠보 주전자(唐風俗文七宝急須)

서 그에 대한 지식도 있었다. 일본 정부는 비엔나만국박람회 참가를 승인하고 총재로 오쿠마 시게노부(大隈重信), 부총재로 사노 쓰네타미(佐野常民), 고문으로 바그너를 결정했다. 바그너의 의견에 따라 공예와 민예를 중심으로 출품하기로 하고, 일본 각지에서 전통 공예를 사들였는데, 그 선택도 거의 바그너가 했다. 나고야의 칠보, 교토의 직물 등은 바그너가 직접 선택했다. 그중에는 유명한 나고야성의 킨샤치호코도 포함되었다. 국보급의 물건인데도 자유롭게 출품하게 한 것을 보면 메이지 정부가 비엔나박람회에 거는 강한 기대감을 엿볼 수 있다.

메이지 4년(1871)에 나고야에 칠보 회사가 탄생했다. 동소지업자(銅素地業者)인 오카야 소스케(岡谷惣助)가 사장이 되고, 쓰가모토 진에몬(塚本甚右衛門, 가이스케의 친형)이 공장장이 되어 미나미고후쿠초(南呉服町)에 개업했는데, 메이지 5년(1872)에는 산출액이 7~8만엔이나 되었다. 이 칠보 회사는 바그너의 요청을 받고 비엔나박람회에 동 바탕의 칠보 화병을 출품했다. 일본에서 외국 박람회에 출품된 1호 칠보 작품인데, 이것이 비상한 인기

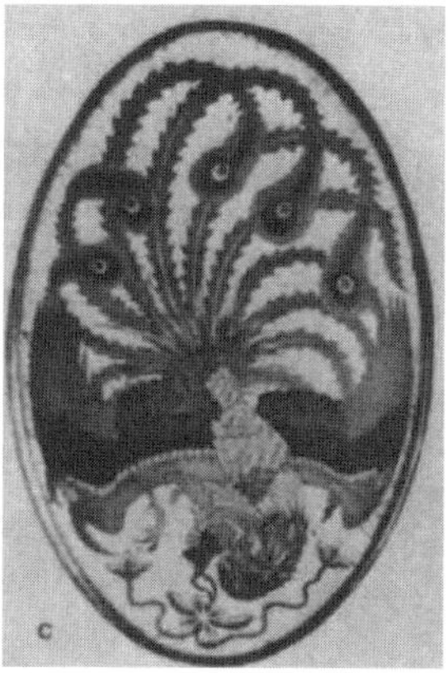

바그너의 칠보 작품

가고시마 무용도 접시(鹿島踊図皿) • 바그너 작품, 교토국립박물관 소장

를 모아서 1등 동상패를 획득했다.

당시 일본인은 외국 사정에 어둡고 특히 싯포초의 농민들은 외국 상인에 속아서 싼값에 칠보를 팔아넘기는 등 마찰이 끊이지 않았다. 비엔나박람회에서는 박람회에 참여한 각 나라마다 축하행사(ceremony)를 하게 되었는데, 일본 대표가 생각한 것은 웬 '나체춤'이었다. 바그너는 놀라서 중지를 요구하고 '간다마쓰리(神田祭)[7]'를 연출해서 호평을 얻었다.

쓰가모토 가이스케가 바그너의 지도를 받고 비엔나박람회에 높이 49cm의 꽃과 새 무늬 칠보 화병을 출품했다는 설도 있지만 그것은 확실하지 않다. 쓰가모토 가이스케와 바그너의 만남은 다음 해 교토 세이미쿄쿠(舍密局) 시대 즈음으로 생각되기 때문에, 비엔나박람회에 출품했다고 해도 바그너와의 협동은 아니었을 것이다. 오히려 비엔나박람회를 통해서 바그너는 가이스케라는 인물과 친교를 맺게 되었다고 상상된다.

메이지 7년(1874) 바그너는 도쿄대학의 전신인 도쿄카이세이학교(東京開成學校)의 교단에 서는 것과 함께 일본 최초의 공업 시험소로 불리는 권

교토 오카자키(岡崎) 권업박람회(1895)

업료(勸業寮)[8]와 박물국(博物局)을 지도했다. 이 미숙한 나라 일본은 바그너에게 있어서 실로 사는 보람의 전부였을 것이다. 그는 온 정열을 쏟아 유럽의 과학을 일본에 전습시키고 또 일본의 뛰어난 공예를 육성했다.

바그너가 직접 일본의 칠보와 관계를 갖게 된 것은 독일 영사 베카의 의뢰 때문이었다. 베카가 왜 칠보 유약의 연구를 바그너에게 의뢰했는지는 알 수 없다. 당시 독일 칠보 유약은 소다 계통이 많고 납유리를 사용하고 있던 중국이나 일본 칠보와는 성질이 달랐다. 베카는 납유리에 의한 투명 유약의 시험 제작을 바그너에게 의뢰했을지도 모른다. 이미 도자기 유약의 지식을 갖고 있던 바그너는 일본 칠보가와 협동해서 새로운 유약을 개발하기 위해 그에 맞는 협동자로 쓰가모토 가이스케를 뽑았다.

메이지 9년(1876) 미국 필라델피아만국박람회에 참가했던 바그너가 일본에 돌아왔을 때, 정부는 이미 바그너의 해직을 결정해 놓고 있었다. 이는 당시 문부성과 내무성의 파벌투쟁의 결과라고 전해진다. 도쿄에서 실의에 빠진 바그너에게 말을 건넨 것이 교토 세이미쿄쿠(舍密局)[9]였다. 이전부터 교토의 전통 공예에 깊은 흥미를 갖고 있던 바그너는 다행이라

공업화를 진행한 오쿠보 토시미치(大久保利通)10

생각하고 재빨리 교토로 향했다.

세이미(舍密)란 네덜란드어로 화학이라는 세미(chemistry, 화학)의 음을 딴 것으로, 메이지 3년(1870) 12월에 예전에 조슈번(長州藩) 저택이 있던 자리인 가와라마치(河原町)에 세워졌다. 도쿄의 권업료(勸業寮)와 같은 공업 시험소적 성격의 세이미쿄쿠에서는 비누, 레모네이드, 얼음사탕 등을 연구·제조하고 있었는데, 메이지 11년(1878) 바그너의 취임과 동시에 칠보의 각종 기술 개발, 유리 그릇 제조, 염색, 제사(製糸), 약품, 사진술 등 폭넓은 과학 기술을 전습했다.

이 교토 세이미쿄쿠에 바그너를 소개한 것은 독일 종합상사 아렌스상회였다. 아렌스상회는 단순하게 상품을 취급하는 회사가 아니고 일본에 없었던 과학 응용 기업을 설립하는 것을 목적으로 한 특수한 상회였다. 이 상회는 산하에 독일인 화학자를 모아서 그 인재를 활용하여 기업 활동을 하고 있었는데 도쿄의 쓰키지(築地)에 본사를 두고 있었다. 아렌스상회가 칠보 제조를 시작한 것은 시오다 마코토(鹽田眞)11의 추천에 의한 것이다. 시오다 마코토는 칠보에 더욱 다채로운 유약을 사용해서 한층 깊은 광택이 나는 제품을 생산한다면 일본 공예가 보다 더 발전할 것이라 예측하고 아렌스상회에 제품을 의뢰한 것이었다.

아렌스상회는 메이지 8년(1875), 도쿄 가메이도(龜戶)에 칠보 공장을 건설하고 쓰가모토 가이스케를 공장장으로 임명했다. 그리고 다음 해 아렌스상회가 바그너를 가메이도에 초청하여 처음으로 가이스케와 바그너의 협동 칠보 유약 연구가 시작된 것이었다. 바그너는 교토와 도쿄 사이를 왕복하면서 일본 칠보의 발전에 조력하게 된다. 덧붙여 말하면 바그녀가 사전에 소유하고 있던 유약 지식을 일본인에게 가르쳤다고 하는 종래의 이야기는 잘못된 것이고, 바그너와 쓰가모토 가이스케가 가메이도의 칠보 공장에서 협동 연구로 투명도가 강하고 광택이 높은 유약을 만들었다고 하는 것이 맞다.

물론 교토 세이미쿄쿠에서도 바그너의 연구는 계속되어 후에 교토에 칠보업이 성행하게 되는 기초를 다지게 된 것은 사실이다.

1 바그너(Gotfried Wagner, 1831~1892): 사업 참가를 위해 일본에 왔다가 정부에 고용되어 교토부립 의학교, 도쿄대학교, 도쿄직공학교(東京職工学校, 현 도쿄공업대학의 전신) 교수를 역임하고 도자기, 유리, 칠보 등의 제조를 지도한 인물이다.

2 아리타(有田): 사가현(佐賀県) 서쪽 니시마쓰우라군(西松浦郡)에 있는 마을

3 자연유(自然釉): 도기를 구울 때 유약을 바르지 않아도 가마 안에서 연료의 재가 떨어져 소지(素地)의 성분과 화합하여 기물 표면에 유리질이 저절로 생성되는 것

4 군레이(郡令): 군의 최고통치자

5 대학남교(大學南校): 현재 도쿄대학교 법과, 이과, 문학부의 원류

6 동교(東校): 현재 도쿄대학교 의학부의 원류

7 간다마쓰리(神田祭): 도쿄 치요다구(千代田区) 간다(神田)에 있는 간다(神田)신사의 간다 묘진(明神)에 대한 제례로 매년 5월 15일에 열리며 에도마쓰리의 대표로서 호화롭기로 유명하다.

8 권업료(勸業寮): 농·공·상업 등의 산업을 장려하기 위한 산업 권장 기숙사

9 세이미쿄쿠(舍密局): 교토부가 메이지 3년(1870) 이화학, 공업 기술의 연구 및 보급을 위해 설치한 권업 교육 시설. 메이지 14년(1881)에 폐지되었다.

10 오쿠보 토시미치(大久保利通, 1830~1878): 사쓰마번(薩摩藩) 출신으로 토막파(討幕派, 에도시대 말기에 막부를 없애고 새로운 정권을 수립하려했던 사람들)의 중심 인물이다. 판적봉환(版籍奉還, 메이지 2년(1869) 각 번주가 가지고 있던 영지와 백성을 조정에 반환한 일)·폐번지현(廃藩置県, 1871년 메이지 정부가 번제(藩制)를 폐지하고 현(県)을 설치한 중앙 집권제 행정 개혁)을 감행하였고, 사이고 타카모리(西郷隆盛) 등의 정한론(征韓論, 1870년대를 전후로 일본 정부에서 일어났던 조선 정복에 대한 주장)에 반대하였으며 메이지 정부의 지도적 역할을 수행하였다.

11 시오다 마코토(鹽田眞): 메이지~다이쇼시대의 공예 연구가. 메이지 6년 비엔나만국박람회, 메이지 9년 필라델피아만국박람회에 바그너, 노토미 가이지로(納富介次郎)와 함께 파견되어 일본 미술공예를 소개하였다.

바그너 일화 ②

제22장

바그너

바그너의 노력으로 일본 전통 공예는 해외의 박람회를 통해 폭넓게 세계에 알려지게 되었다. 특히 칠보는 프랑스를 중심으로 수출이 활발하게 되고 싯포초 일대에서는 직공수가 700명이 넘을 정도로 번창하게 되었다. 그러나 이는 단지 좋아할 수만 있는 현상은 아니었다.

메이지 초기에 일본 공예가 이렇게 번성하는 모양을 평해서 기념품 예술(souvenir art)이라고 부르며 경멸하는 사람도 있다. 즉 미술적 가치에 의한 번창이 아니고 토산품·답례품으로서의 번창이라고 하는 비판이다. 교토의 도예가 미야가와 코잔(宮川香山)[1]은 메이지 3년(1870)에 요코하마 니시오타(西太田)에 규모가 큰 공장을 짓고 마쿠즈야키(眞葛燒)라 칭하는 진기한 도예를 제작하여 대량으로 수출했다. 예를 들면 이 마쿠즈야키는 도기로 된 수반에 실물 그대로의 게를 기어가게 하는 등 확실하게 외국인의 의표(意表)를 찌르는 발상이었다. 또 상아 조각가 아사히 교쿠잔(旭玉山)이 제작한 인간의 해골은 마치 진짜 같았기 때문에 외국인들은 진짜인가 상아인가로 논쟁까지 했다고 한다.

이처럼 수출 전문 상품을 하마모노(浜物)[2]라 평했는데, 일반적으로 이러한 상품은 기술 편중의 진기함을 뽐내며 진정한 공예가 필요로 하는 내면적인 예술성이 희박했기 때문에 금방 싫증이 나게 하는 경향이 있었다. 칠보도 이와 똑같은 상황으로 외국인의 기호에 맞추는 것에만 급급했기 때문에 어느 시기가 오면 순식간에 앞이 가로막힌다.

요코하마의 야마모토 사부로(山本三郎)라는 상인이 외국인을 목표로 한 칠보에 흥미를 갖고 쓰가모토 가이스케를 초청해서 칠보 공장을 요코하마에 지은 것도 이러한 수출 전문 상품 붐의 한 현상이었다. 고베(神戶)

마쿠즈야키(眞葛燒) • 미야가와 코잔(宮川香山) 작품

의 조선업자인 야마자키 쇼조(山崎正藏)는 조선업을 하면서 동시에 기념 상품으로서의 칠보에 흥미를 갖고, 메이지 30년(1897)경에 고베 누노비키(布引)에 공장을 설치하였다. 그리고 당시 안도칠보점의 공장장이었던 가지 사타로(梶佐太郎)를 초청해서 제작을 맡겼다. 이것은 오래가지 않은 모양인데 현재 하마나코(浜名湖) 북쪽의 호코지(方廣寺)에 있는 칠보 오구족(五具足)[3]은 야마자키 쇼조가 가지 사타로에게 제작하게 한 것을 이 절에 기증한 것이다.

일본 칠보가 어쨌든 외국에서 좋은 평을 받아 주목을 받고 대량으로 수출하게 되면서 일본 칠보 연구서가 출현했다. 메이지 30년(1897)에 영국 리버풀에서 출판된 『노트 온 칠보』가 그것이다. 저자는 제임스 보우로 일본 요업 연구가이다. 당시로서는 조사를 잘했지만 틀린 것도 많다.

이런 전문 서적이 출판될 정도로 일본 칠보가 수출되고 있었던 것인데, 그러면 이러한 일본 칠보의 상황에 대해서 바그너는 어떻게 생각하고 있었을까.

바그너는 일본 공예는 세계에서도 특히 뛰어난 미술품이라고 생각했다. 그래서 일본 공예가는 서양처럼 쓸데없이 대량생산을 하지 말고 그 특징을 신장시켜야만 한다고 생각했다. 당시 일본은 구미에 비해 거의 전 분야에서 뒤쳐져 있었는데, 바그너는 일본이 공장 생산에 의한 대량 판매 분야에서 성공하리라고는 생각하지 않았기 때문에, 구미가 놓친 손으로 만드는 공예에 의해 일본은 일어서야 한다고 생각한 것이다.

일본은 공장에서 만들어진 것처럼 싼 제품을 외국에서 수입하고, 반

교토(京都) 이와타야키카마모토(粟田燒窯元)의 칠보 판매점

대로 일본에서만 만들 수 있는 부가가치가 높은 미술공예품을 수출해야 한다고 말한 것이다. 그러기 위해서는 일본 청년 남녀들에게 기초가 되는 미술을 공부시켜야 한다고 주장했다. 일 주에 세 번 정도 한 사람당 50전의 월 수업료로 미술을 가르치는 시내 미술학원을 많이 만들면, 그들이 미술을 즐기게 되면서 자연스럽게 일본 공예는 손쉽게 성장하게 될 것이라 생각했다.

「일본인은 싼 물건을 만드는 국민이어서는 안 된다. 일본은 미술공예의 나라다. 남녀 모두 이 자연의 미술 정신을 계속 유지하며 잃어서는 안 된다」

바그너의 이러한 지론은 진심으로 일본을 사랑하는 마음에서 나온 것이다. 그래서 메이지유신 후 점점 이익만 탐하여 미를 잃기 시작한 일본인에 대하여 통절하게 비판한 이유도 거기에 있다. 바그너는 일본의 도

교토고쇼(御所, 상황과 황태후, 황후의 거처)의 박람회에서 기구(氣球)를 띄우는 모습 • 메이지10년(1877)

예, 칠보, 유리, 칠기에 특히 관심을 보였는데, 특히 도기와 칠보를 스스로 시험 제작하며 단순히 기술적으로 고도의 것을 추구하는 것뿐만 아니라, 미술적으로도 가치가 높은 것을 만들기 위해 사재를 털어 진력하였다. 교토 오카자키(岡崎)박람회에서 바그너는 자신이 제작한 칠보 서랍장을 출품했는데, 그것이 좋은 평판을 받아 교토에도 칠보업이 일어나게 되었다. 원래 교토의 지바산교(地場産業)[4]는 아와타(粟田)의 도예가 중심이었는데, 바그너의 영향으로 칠보 제작을 시작하는 곳이 늘어났다.

교토에는 도쿠가와 시대부터 이어져온 요시다야(吉田屋)라는 칠보 공예가가 있었다. 교토 유곽(遊廓)의 칠보 구기카쿠시 등을 제작한 이에모토(家元)[5]라고 할 수 있는데, 메이지시대가 되어 요시다 야스베에(吉田安兵衛)라는 사람이 칠보 공예가로서 등록되어 있었다. 한편, 도예를 굽던 긴운켄(錦雲軒)은 그 대표자인 오자키 큐베에(尾崎九兵衛)가 칠보를 배워 도기

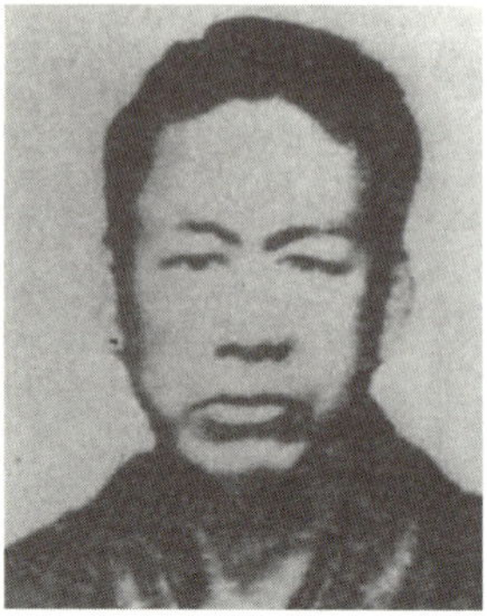
쓰가모토 가이스케(塚本 貝助)

조선왕(造船王) 야마자키 쇼조(川崎正藏)

와 칠보를 모두 제조·판매했다.

메이지 4년 교토 가와라마치(河原町)에 교토칠보회사가 설립되었다. 설립자로는 나미카와 야스유키(並河靖之)[6]도 참가했고 이나바 나나호(稻葉七穗), 무라오 칸자부로(村尾勘三郎)가 협동했는데 얼마 안 되어 이나바 나나호의 개인 경영으로 되어 이나바칠보의 기초가 되었다.

교토에서 칠보로 이름을 떨친 사람은 나미카와 야스유키와 모모노이 에이쇼(桃井英升)[7]였다. 바그너를 맞아들인 교토의 칠보계는 이처럼 상당히 유명한 사람들이 있어서 정말로 물을 만난 물고기처럼 바그너의 활약이 시작됐다.

메이지 11년 세이미쿄쿠의 새로운 지도자가 된 바그너는 교토부의 수뇌인 우에무라 마사나오(植村正直), 야마모토 토바(山本覚馬), 아카시 히로아키라(明石博高)로부터 절대적인 신뢰를 받았다. 봉급은 당시로서는 파격적인 40엔이었다. 바그너의 일은 세이미쿄쿠 내의 화학학교에서 일반 이화학 교육을 하는 것이었는데, 처음부터 그것에 머물러 있을 그가 아니었다. 칠보 유약을 계속 개량, 개발하여 교토의 칠보 공예가에 전습시키고, 또 고조자카(五条坂)에도 도자기 시험소를 설립해서 도자기 흙과 유약을 개발했다. 이때 바그너는 새로운 청자(青磁) 연구를 진행하는 것과 함께 가노파(狩野派)[8]의 회화를 공부해서 그 도안을 살린 칠보와 도기를 제작하고 있었다.

그러나 좋은 일은 계속되지 않았다. 교토에 온지 3년 만에 또다시 바그너는 교토에서 쫓겨났다. 우에무라 마사나오(植村正直)가 원로원 의원(元老院議員)이 되어 도쿄로 떠나고, 새로운 지사가 된 기타카키 구니미치(北垣國道)가 세이미쿄쿠를 폐쇄하고 바그너를 해임하고 말았다. 기타카키((北垣)는 남은 자금으로 비와고소스이(琵琶湖疎水)[9]라는 대사업을 시작하였다.

메이지 14년(1881) 바그너는 다시 도쿄에 돌아와 도쿄대학 이학부에서 제조화학의 교수가 되었다. 다음 해 농상무성(農商務省)의 의뢰로 계단식 가마(階段窯) 개발을 수행하였고, 메이지 16년(1883)에는 역시 정부의 의뢰로 새로운 도기의 연구를 시작했다. 일본인은 아주 마음대로 바그너를 이용했던 것이다. 외국인 교사에 대한 일관된 방침이 없었기 때문에, 바그너처럼 장기간에 걸쳐 일본인을 교육하려는 인재가 좀처럼 일자리를 얻지 못하고, 대개의 외국인 교사는 임기가 끝나면 지체 없이 본국으로 돌아가 버렸다.

바그너가 일본의 관료주의 체제 속에서 해임을 당하면서도 동료들처럼 돌아가지 않고 임지를 바꾸면서까지 일본에 남은 것은 고이즈미 야쿠모(小泉八雲)[10]처럼 진심으로 일본을 사랑하였기 때문일 것이다.

드디어 그는 고이시카와(小石川)에 소규모 공방을 마련하고 백색 도기 위에 채화한 후 투명 유약을 발라 굽는다는 독특한 아사히야키(旭燒)를 완성했다. 이때의 투명 유약은 칠보와 거의 같은 성분이었다고 전해지고 있다.

메이지 25년(1892) 바그너는 지병인 류마티즘이 악화되어 그해 11월

스루가다이(駿河台)의 자택에서 영면했다. 그때가 62세였는데 침식을 잊는 격동의 나날이었기 때문에, 겉보기에는 80세의 노인 같은 늙은 모습이었다고 전해진다. 일본을 야만의 식민지로 보지 않고 훌륭한 미술의 나라로 생각한 바그너의 의지와는 반대로, 그 후의 일본은 부국강병의 대산업국가를 목표로 급성장하게 되었다.

1 미야가와 코잔(宮川香山): 교토 마쿠즈가하라(真葛ヶ原)출신으로 대대로 야키모노(燒物, 도자기)를 생업으로 하는 가정에서 출생하였다.

2 하마모노(浜物): 요코하마(横浜)를 말하며, 메이지 초기 해외 수출용 상품을 비유하는 말이다.

3 오구족(五具足): 부처님 앞에 공양(供養)하기 위해 향로를 중심으로 그 양옆에 촛대를 놓고 그 바깥쪽에 양쪽으로 화병을 놓아 5개의 구족을 배치함을 의미한다.

4 지바산교(地場産業): 특정 자연적, 역사적 조건을 가지고 있는 지방에서 그 지역 자본이 전통적인 기술과 지역 노동력에 의해 특산품을 제조하는 산업

5 이에모토(家元): 전통을 잇는 집이나 그 위치에 있는 사람

6 나미카와 야스유키(並河靖之): 메이지, 다이쇼시대의 교토 출생의 칠보 공예가. 나고야의 모모노이 에이쇼(桃井英升)에게서 오와리 칠보 기법을 배운 후 금, 은선을 이용한 유선 칠보로 종래의 칠보를 개량하여 교토 칠보의 중심이 되었다. 제실기예원(帝室技芸員)이 되었고, 전통적 유선 칠보 작가로서 흑색 투명 유약을 개발한 사람으로 알려져 있다.

7 모모노이 에이쇼(桃井英升): 메이지시대의 칠보 공예가. 오와리(尾張) 도시마(遠島) 사람으로 쓰가모토 가이스케의 제자였다. 메이지 5년(1872) 교토에서 칠보 회사를 만들어 그 기법을 나미카와 야스유키에게 전해서 교토 칠보의 기초를 닦았다.

8 가노파(狩野派): 무로마치 후기의 화가 가노마사노부(狩野正信)에서 비롯된 화파

9 비와고소스이(琵琶湖疎水): 비와호(琵琶湖)의 물이 교토시로 흐르도록 만든 수로

10 고이즈미 야쿠모(小泉八雲): 그리스 출신 신문 기자, 수필가, 소설가, 일본 연구가

제23장

안도와 이나바 칠보점 ①

당화당초 문양 덮개 그릇(唐花唐草文蓋物) • 이나바(稻葉)칠보점

현대 일본 칠보는 전통 공예이기도 하고 현대 공예이기도 하며, 게다가 칠보 회화는 현대 미술로서 각광을 받고 있다. 액세서리는 매년 수만 개나 생산되어 세상의 여성들을 장식하고 있다. 이렇게 다채로운 존재다.

그러나 일본 칠보가 오늘날의 다채로운 활력을 얻은 것은 일본 칠보 역사의 깊이로 인한 것이다. 바그너가 아무리 천재였다 해도 그의 조력을 받는 일본 측에 재능이 없었다면 칠보는 없어지고 말았을 것이다.

게다가 메이지 이후 많은 칠보 작가들과 기술인들의 피나는 노력이 없었다면 오늘날의 일본 칠보는 존재하지 않았다. 그에 대해서는 이미 약간의 소개를 했다. 이 장에서는 메이지, 다이쇼 연간의 칠보 제작에 종사한 안도칠보점과 이나바칠보점의 업적을 알리고 오늘도 역시 건재하고 있는 두 칠보점의 역사를 살펴봄과 동시에, 두 칠보점이 이루어 낸 역할에 대해 전망해 보고자 한다.

안도칠보점의 창업자 안도 주베에(安藤重兵衛)는 원래는 나고야에서 키세르(煙管, 담뱃대)가게를 했다. 상호를 무라다야(村田屋)라 하고 무라다야 주베에(村田屋重兵衛)라 칭했다. 당시 일본에는 아직 종이로 감은 마키타바코(卷煙草, 궐련)가 없었으므로 에도시대부터 계속된 잘게 썬 잎담배(煙草)를 애용해서 담뱃대의 수요가 많았다.

가지 쓰네키치의 칠보 작품에도 담뱃대 칠보가 있는 것처럼 일본의 공예가는 담뱃대에 필요한 금구를 많이 제작했다. 그러나 메이지가 되

창업 당시의 긴운켄이나바칠보점(金雲軒稲葉七宝店) • 메이지 22년(1890), 이나바 나나호(稲葉七穗)가 긴운켄이나바칠보점으로 창업하여 교토 칠보의 제조, 판매를 시작한 후, 메이지 33년에는 파리만국박람회에 출전해서 은컵을 수상하였으며, 다음 해에는 벨기에 황실 납품자로 임명되는 등 해외에서 높게 평가받으며 주목을 받았다. 전후(戰後)에 수출이 많았던 고급 예술품인 교토 칠보는 화폐 가치의 변동으로 경영이 어려워져 점포를 축소하였다.

어 일본인의 생활이 점차 양식화 되고 궐련에 양복이라는 스타일이 정착됨에 따라 옛날 민예적인 물건은 새롭고 실용적인 상품으로 바뀌고 말았다. 여담이지만 우리 조부는 게타(下駄, 나막신)의 하나오(鼻尾, 나막신의 끈)와 쓰마카와(妻皮, 나막신 앞에 대는 천이나 가죽)를 만들었는데, 구두가 유행하자 폐업 위기에 몰려서 장식업으로 바꾸어, 최초로 제작한 것이 회중시계의 도난방지용 금구였다. 소매치기가 시계를 훔치려고 하면 끈에 달려있는 그 금구에서 몇 개의 바늘이 손을 펴는 것처럼 튀어나와서, 입고 있는 옷을 찌른다는 진묘한 장치였다.

무라다야 주베에라는 상호를 가진 담뱃대 가게를 하던 안도 주베에가 칠보 제조로 바꾼 이유도 그런 것이 아니었을까. 유신의 물결이 너무나도 커서 사람들은 전통적인 직업을 고집하지 않았다. 게다가 담뱃대의 안수(雁首)[1]가 금구로 되어 있어서 많은 금공가나 칠보 공예가들과의 교류가 있었다는 것도 이유가 될 것이다.

메이지 첫 해 나고야에 오카야 소스케(岡谷惣助)라는 사람이 있었다는 것은 앞에서 이야기했다. 오카야는 나고야에서는 유명한 거상으로 금속으로 만든 물건을 주로 취급하고 있었다. 칠보 마을의 사람들은 바탕재료로 쓰는 동을 거의 오카야 소스케의 가게에서 샀다. 그때 아이치현령(愛知縣令)인 이세키 모리요시(井關盛良)는 칠보가 국내보다 외국인 상대의 상품으로서 최적이라는 생각에 이르자, 오카야 소스케에 권하여 새로 칠보 회사를 만들게 했다. 그것이 안도칠보점의 전신이다.

다만 그 회사명이 아직까지도 알려져 있지 않다. 어느 자료에 의하면 '나고야칠보회사'라 하고 또 별도의 자료에 의하면 '대일본칠보제조회사'라 하는데, 확정할만한 자료가 없다. 단지 현존하고 있는 '칠보 꽃마차 화병(七宝花車花瓶)'에 「대일본제조칠보회사(大日本製造七宝會社) 공인(工人) 스즈키 세이치로(鈴木淸一郎)」라고 새겨져 있기 때문에 메이지 4년(1871)부터 공식적으로 이 회사명(會社名)으로 영업했던 것으로 생각된다. 이 회사가 최종적으로 안도칠보점으로 이관되는 경위는 다음과 같다.

오카야 소스케는 나고야시 미나미고후쿠마치(南吳服町)에 칠보 회사를 설립하고 쓰가모토 진에몬(塚本甚右衛門)을 공장장으로 임명했다. 또 메이지 7년(1874)에 공장장이 된 무라마쓰 히코시치(村松彦七)의 의견으로 싯포무라 및 나고야의 칠보 공예가들의 칠보 시장을 개최하고, 칠보 회사에서 이것을 사들여서 요코하마나 고베를 통해 수출했다. 이 칠보 시장을 통해 자연히 경쟁이 형성되었고 칠보의 질적 향상이 이루어졌는데, 이것은 칠보 회사의 공헌 중 하나일 것이다.

당시 가이스케의 친형인 진에몬은 법랑기(琺瑯器) 위에 칠보 유약을 소

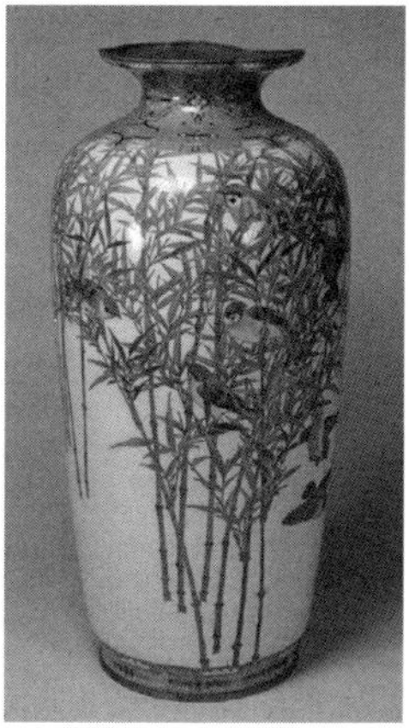

[왼쪽] 대나무와 참새 그림(竹に雀) 화병 • 다케우치 추베에(竹内忠兵衛) 작품, 도쿄국립박물관
[오른쪽] 부채 그림 화병 • 안도(安藤)칠보점

성한 법랑 칠보를 완성했다. 또 그는 순금 위에 유약을 소성하는 금태(金胎) 칠보도 완성했다. 메이지 13년(1880)에는 도쿄 우시코메(牛込) 가구라초(神樂町)에 지점을 설립했다. 그즈음 이 회사에서는 은선을 놓고 유약을 올린 후 그 선을 없애는 소위 성선(省線) 칠보, 즉 무선 칠보를 개발해서 시장에 출하했다. 제품의 대부분은 역시 프랑스나 미국에 수출되었다. 가장 번창했을 때는 직공 수가 100명이 넘을 정도였다. 그러나 메이지 15년(1882)의 사회 불황과 칠보 제조 회사의 난립으로 인한 경영 부진으로 이 회사는 문을 닫았다.

메이지 20년(1887) 안도 주베에는 사실상 도산했던 이 회사를 대신해서 안도칠보점을 설립하고 메이지 23년(1890)에 도쿄에 지점을 설립했다. 나고야 본사는 다마야초(玉屋町)[2]에 있고, 도쿄 지점은 긴자(銀座) 산초메(三丁目)에 있다. 안도칠보점이 흥망성쇠가 심한 칠보 업계에서 100년 가까운 역사를 갖는 것이 가능했던 이유는, 잇따른 칠보 기법 개발과 함께 재빠르게 도쿄 긴자에 진출해서 판로(販路)에 중점을 둔 영업 정책을 편 것에 있다. 당시의 긴자는 마차의 왕래가 심해서, 바람이 심한 날에는 말똥 때문에 눈도 뜰 수 없을 정도였다고 한다.

칠보 선반(七宝棚) • 이나바칠보점

이나바칠보점의 초대 사장인 이나바 나나호(稻葉七穗)는 오즈번(大州藩)의 무사였다. 오즈번은 현재의 에히메현(愛媛縣)에 있는데, 메이지유신 후 나나호는 교토에 나와 고진구치(荒神口)에 있던 교토 직물의 기술자가 되었다. 당시 바그너도 관계하고 있던 세이미쿄쿠에 출입하고 있는 사이에 이나바 나나호도 자연히 칠보에 흥미를 갖게 되었다.

나고야칠보회사와 기묘하게도 같은 메이지 4년에 교토칠보회사가 설립됐다. 장소는 산조(三条)의 가가야시키아토(加賀屋敷跡)[3]로, 나미카와 야스유키(並河靖之)가 같이 참여했다. 나미카와는 칠보 기법을 모모노이 에이쇼(桃井英升)에게서 배웠는데, 모모노이는 쓰가모토 가이스케의 제자였다. 교토 칠보도 역시 나고야에서 나왔는데, 앞에서도 말한 것과 같이 요시다 야스베에(吉田安兵衛)라는 교토의 칠보가가 막부 말기에 활약하고 있었으므로 교토 칠보의 전부가 나고야 칠보의 흐름을 수용했다고는 말할 수 없다.

예를 들면 도예가인 오자키 규베에(尾崎九兵衛)는 칠보도 제조해서 상호를 긴운켄(錦雲軒)으로 붙였다. 내가 조사한 바 당시의 산조(三条)나 아와타(粟田)의 도예업자는 모두 칠보를 제조·판매하고 있었다. 그런 전통은 교토의 지바산교(地場産業)에 이미 칠보가 뿌리를 내리고 있었다는 증명이 될 것이다.

교토칠보회사는 그 후 긴운켄, 소가 모사부로(曾我茂三郎), 무라오 간자

꽃과 새 무늬 발(花鳥文鉢) • 가지 사타로(梶佐太郎) 작품

은태 칠보(銀胎七宝) • 구메노 테이타로(粂野締太郎) 작품

부로(村尾勘三郎), 이나바 나나호 등이 참가해서 발전했는데, 후에 나미카와 야스유키파와 긴운켄파로 분리되었다. 이 긴운켄을 이어받은 것이 이나바칠보인데, 메이지 22년(1889)에 '긴운켄이나바(錦雲軒稻葉)칠보제작소'로 정식 발족하고, 후에 이나바칠보점으로 바꾸었다.

당시의 이나바칠보점 간판은 영어로 씌어져 오로지 외국인 독점 사업이었다는 것을 한눈에 알 수 있다. 이나바칠보점도 안도칠보점도 시작부터 도이야제자본(問屋制資本)[4]으로 출발해서 많은 하청 칠보 공예가의 작품을 판매함과 동시에, 자신의 회사 산하에 우수한 기술자를 모아서 기술 향상에 애쓴 것이 그 성공의 이유였다.

그에 반해서 칠보 작가가 직영한 칠보 회사는 금방 길이 막혀 도산했다. 우수한 칠보를 제작해서 스스로 경영에 나섰던 도쿄의 나미카와 소스케(濤川惣助)나 교토의 나미카와 야스유키(並河靖之) 등 메이지를 대표하는 칠보 작가가 그 명성과는 반대로 경제적으로는 실패의 연속이었던 것도 사실인데, 그 점에서 이나바칠보점이나 안도칠보점은 상업적인 면에 신경을 써서 성공한 것이다.

가지 쓰네키치가 칠보 중흥의 시조로 칭송받으면서도 후계자가 없어서 가지(梶) 칠보는 두절될 것이라고 생각됐지만, 그 때 출현한 것이 쓰네키치의 손자인 가지 사타로(梶佐太郎)였다. 사타로의 어머니인 가지 이마는 생활고에 허덕이면서도 아버지 쓰네키치의 칠보 기법을 잘 전했으며 그녀의 작품도 남아 있다. 메이지 28년(1895) 제4회 내국권업박람회에는 나쓰메(棗, 조)[5], 향로, 찻주전자(急須) 등의 칠보 제품을 출품했다.

가지 이마는 미망인이었는데 경제적인 곤경에도 오랫동안 견디어 냈다. 그의 아들 사타로가 돌연 안도 주베에(安藤重兵衛)에 불려나간 것은 메이지 20년(1887)의 일이었다. 주베에는 신설된 칠보점의 공장장 자리를 사타로에게 주었다. 그렇게 해서 가지 이마의 오랜 고난도 보상받고 사타로의 이름도 세상에 알려지게 된 것이다.

1 안수(雁首): 잘게 썬 잎담배를 넣고 불을 붙이는 담뱃대의 대통

2 다마야초(玉屋町): 현재의 고코혼도리(御幸本通)

3 가가야시키아토(加賀屋敷跡): 마에다(前田) 집안의 가가번(加賀藩) 저택이 있던 곳

4 도이야제자본(問屋制資本): 소생산자가 상인으로부터 원재료나 재료비를 미리 받는 자본

5 나쓰메(棗, 조): 가루차를 담는 대추 모양의 그릇

안도와 이나바 칠보점 ②

제24장

칠보 오구족(七宝五具足)의 하나인 향로 • 가지 사타로(梶佐太郎) 작품, 호코지(方廣寺)

왜 주베에는 거의 세상에 묻혀 무명(無名)이었던 가지 사타로를 공장장으로 발탁한 것일까. 여기에는 하나의 뒷얘기가 있다. 당시 칠보는 고가의 공예품이었다. 예를 들면 아이치현(愛知縣) 오와리(尾張) 신도초(新道町)의 다케우치 추베에(竹內忠兵衛)가 제작한 칠보 서랍장의 값이 280엔이었다는 박람회의 목록이 남아 있다. 물가지수표를 사용해 보면 현재(1982년)의 100만엔 정도는 된다. 보통 칠보 화병이라도 50만엔 정도였다. 도저히 서민이 살 수 있는 가격은 아니다.

그렇다고 하면 그 대부분이 외국인 상대의 수출품이거나 국내에 있어서는 귀족, 화족, 호상 등 일부 고객이 대상이 된다. 그런 특별 상품은 당시는 궁에 용품을 납품하는 궁내성(宮內省) 고요타시(御用達, 고요타쓰로도 읽음)[1]라는 지정이 없으면 상품이 되지 않았다. 왜냐하면 천황가가 매입해 들이는 물품은 전부 이 간판이 필요했던 것이다.

그 즈음 칠보 작가로서 궁내성 납품을 하려는 사람은 제실기예원(帝室技藝員)[2]의 지정을 받는 일이 필수였다. 교토 칠보에서는 나미카와 야스유키(並川靖之), 도쿄 칠보에서는 나미카와 소스케(濤川惣助) 이 두 명만이 제실기예원의 지정을 받았다.

새로이 칠보업을 시작한 안도칠보점으로는 궁내성 납품의 간판이 꼭 갖고 싶었는데, 주베에는 아이치(愛知)에서 '칠보 발명인'의 칭호를 받고 있는 가지 쓰네키치의 손자인 사타로를 기용하면 일이 순조롭게 진척될 것을 예상한 것이다.

가라사키의 소나무 그림 접시(唐崎松図皿) • 나미카와 야스유키(並川清之) 작품

이렇게 하여 가지 사타로는 새로이 각광을 받고 등장하였으며 안도칠보점의 칠보 생산도 다시 순조롭게 발전을 본 것이었다. 메이지26년(1893) 안도칠보점은 궁내성 납품의 지정을 받았는데, 사타로와의 사이에 무슨 갈등이 생긴 것인지 사타로는 고베(神戶)의 가와사키(川崎) 조선소 칠보 공장의 공장장으로 전출하고 후임으로 가와데 시바타로(川出柴太郎)가 취임했다.

그즈음 칠보 기술의 개량은 일진월보(日進月步)의 기세였다. 바그너와 쓰가모토 가이스케의 노력으로 투명 유약이 개발된 이래 유약 연구는 상당한 발달을 보게 되었다. 또 이러한 신유약 개발에 힘입어 신기법 또한 개발되었다. 필요는 발명의 어머니라 하는데, 예를 들어 쓰가모토 가이스케에몬(塚本貝助衛門)은 법랑기 위에 칠보를 소성하는 것에 성공했고, 무라마쓰 히코시치(村松彦七)는 무선 칠보를 개발하였으며, 오타 진노에(太田甚之榮)는 적색 투명 칠보를 세상에 처음으로 등장시켰다.

오타 요사부로(本多与三郎)라는 칠보 공예가는 동을 분말로 해서 유약에 혼합하여 마치 다금석(茶金石, gold stone)과 같은 효과를 내는 다금석 칠보를 만들어 내서 메이지 칠보의 특징 중 하나가 되었다. 가와구치 분자에몬(川口文左衛門)은 은태(銀胎) 칠보로 이름을 날렸고, 구메노 테이타로(粂野締太郎)는 청자(青磁) 칠보를 완성시킴과 동시에, 당시 균열이 많이 들어가서 상품으로서는 불완전했던 은태 칠보도 훌륭하게 완성시켰다.

이러한 칠보가들의 활발한 기술 개발에 의해 호화찬란한 메이지 칠보

성태(省胎) 칠보

의 꽃이 핀 것이다. 안도칠보점에서도 이러한 흐름 속에서 독자적인 기법을 개발하는 데에 늘 신경을 썼는데, 메이지 30년의 프랑스 만국박람회에 출품된 테스마(프랑스인)의 성태(省胎) 칠보[3]를 보고, 가와데 시바타로(川出柴太郎)가 안도식의 성태 칠보를 개발하기도 했다. 또 고온 유약을 사용해서 돌기(凸部)를 만든 성상(盛上) 칠보, 동소지를 부분적으로 모양을 도려내고(투조) 그 도려낸 부분에 칠보를 올려서 소성하는 투태((透胎) 칠보, 유리옥이나 천연귀석을 이용한 간주야키(含珠燒) 개발 등 눈부신 기술 개발을 했다. 그 결과 국내외의 박람회에서 다수의 상패를 획득하는 등 일본 칠보의 국제적 지위를 향상시켰다.

또 메이지 36년(1903)에는 고지카 쓰루히코(小鹿鶴彦)라는 칠보 공예가가 '하타치 칠보'라는 것을 제5회 내국박람회에 출품하여 사람들을 놀라게 했다. 이것은 금속 일부에 칠보를 소성하고 남은 부분의 금속을 그대로 노출시키는 기법으로 오늘날의 부분 칠보이며, 야마와키 요지(山脇洋二) 게이다이(藝大) 명예교수가 즐겨 사용하는 기법이다. 하타치란 20살, 즉 20세기의 의미로 결국은 신공법이라는 것이다. 이들을 보면 당시 칠보 공예가들이 어떻게든 새로운 칠보를 개발해 보려 했던 것이 이해될 것이다.

교토의 칠보도 대체로 가지 쓰네키치에 유래하고 있다. 쓰네키치의 가르침을 받은 하야시 쇼고로(林庄五郎)는 그 기법을 쓰가모토 가이스케에게 전수했다. 당시 가이스케는 칠보 작가로서는 눈에 띄지 않았지만 바그너와 공동으로 유약을 개발하는 등의 공적을 이룬 것 외에도 가나가

초대 안도 주베에(安藤重兵衛)

초대 이나바 나나호(稲葉七穂)

2대 이나바 나나호(稲葉七穂)

와현(神奈川縣)에 칠보를 전하는 등 널리 칠보 기법을 보급시켰다. 그의 제자 중 한 사람이 교토의 모모노이 에이쇼(桃井英升)이고, 에이쇼의 제자가 앞에서 말한 제실기예원(帝室技藝員)의 나미카와 야스유키였다.

이나바칠보점의 초대 이나바 나나호는 화려하고 파격적인 칠보에 매료되어 섬유업에서 대전환을 하여 이나바칠보점을 설립했는데, 교토라고 하는 전통 공예의 본고장에 있는 만큼 전통적인 칠보 화병이나 칠보를 붙인 서랍장과 장식 선반에 독자적인 작풍(作風)을 보였다. 교토는 또 꽃꽂이, 다도가 성행하여 칠보점 창업 이래 이러한 꽃꽂이와 다도를 위한 칠보 기구를 만드는 일에 뛰어났다.

교토에는 나미카와 야스유키 외에 무라오 간자부로(村尾勘三郎), 오자키 규베에(尾崎九兵衛), 소가 모사부로(曾我茂三郎) 등이 활약하고 있었는데, 칠보점으로 크게 성공한 사람은 이나바 나나호이다. 또 나미카와 야스유키 계통을 이어 독자적인 네모난 상자 칠보(箱七宝)를 제작하고 있는 야마다(山田)칠보점도 잘 알려져 있다.

이나바칠보점은 메이지 30년(1897)에 미국 세인트루이스만국박람회

구름과 용 문양 화로(雲龍紋火鉢) • 이나바칠보점

에 장식 선반을 출품해서 입상하기도 하여 가구 칠보로도 불리고 있다. 파리세계공예박람회에서도 이나바칠보점은 칠보 서랍장을 출품했는데, 이것이 벨기에 황제의 눈에 들어 작품은 멋진 벨기에 궁정에 헌납되었다. 이것이 신문 등을 통해 유명해지자, 뒤늦게 일본 궁내성에서 주문을 하여 사들이게 되는 등, 그 독자적인 기법이 주목받았다.

그 외에도 이나바칠보점에서는 네모진 모양의 칠보를 많이 만들었다. 이것은 용접부가 없는 칠보 화병에 비하여 제작이 아주 어려운 것으로, 보통의 경우 용접부의 특수 금속 때문에 유약이 떨어져 나가 버리는데, 이나바칠보점에서는 여기에 특별한 아이디어를 짜내서 오늘날 보는 것처럼 멋있는 입체 칠보를 완성시켰다. 안도칠보점과 이나바칠보점이 나고야와 교토라는 다른 지역에 있으면서도 100년에 이르는 역사를 갖는 것이 가능했던 것은 각자의 노력뿐만 아니라, 칠보라는 난이도 높은 공예에 도전한 일본 칠보 공예가들의 연구에 따른 큰 성과였다.

또한 메이지 칠보는 불을 때서 굽는 것이었다. 전기 가마는 쇼와시대에 들어서면서부터 사용되기 시작했다. 항아리를 굽는 경우, 우선 항아리보다 몇 cm 정도 크고 모양이 같은 초벌구이 내부 가마를 제작한다. 속가마보다 더 큰 겉가마는 보다 강한 벽돌 등으로 제작한다. 이 속가마와 겉가마 사이에는 충분한 양의 숯이 투입되기 때문에 여유를 갖는 공간이 필요하다. 우선 겉가마의 중앙에 유약을 칠한 칠보 항아리를 배치한다.

다음에 미리 준비해 두었던 속가마를 씌우는데, 속가마는 정수리부분이 철 투구처럼 되어 있어서 철사가 나와 있다. 이 철사는 소성 후 속가마를 당겨 올릴 때 사용된다. 가마 준비가 되면 충분히 붉게 가열한 숯을 속가마와 겉가마 사이에 투입하고, 마지막에 겉가마의 뚜껑을 닫아버린다. 칠보 항아리의 크기에 따라서 다르지만, 20분~30분정도 지났을 때 유약이 용융된 것을 가늠하여 뚜껑을 연다. 그렇다고 해도 뜨거운 동안에는 작품을 꺼낼 방법이 없기 때문에 자연히 식기를 기다릴 수밖에 없다.

이러한 수순이기 때문에 칠보를 구워 내는 것은 상당히 힘든 일이었다. 오늘날 전기 가마를 사용해도 전통 칠보 항아리는 10분 내지 15분의 소성 시간을 필요로 한다. 이것은 전통 칠보 유약이 단단한 규석분이 많은 유약이기 때문일 뿐더러, 유약의 깊은 맛을 내기 위함이며 항아리도 대형이 많기 때문이다.

이처럼 지금도 믿겨지지 않는 노력이 쌓여 메이지 칠보는 세계에 그 이름을 날렸던 것이다.

1 고요타시(御用達, 고요타쓰로도 읽음): 궁에 용품을 납품하는 사람이다.

2 제실기예원(帝室技藝員): 메이지유신 후 전통적인 일본 미술·공예가의 보호 장려를 목적으로 메이지 23년(1890)에 설치된 미술가의 영예직

3 성태(省胎) 칠보: 동소지에 은선으로 모양을 만들고 유약을 얹어 구운 후, 소지를 산으로 부식시켜서 표면의 칠보부분만 남기는 기법이다.

제25장

메이지시대의 칠보

벚꽃 문양 투태 칠보 발(櫻文透胎七宝鉢) • 안도칠보점

메이지 중후기의 일본을 대표하는 칠보 작가를 들라고 하면 역시 가지 사타로(梶佐太郎), 나미카와 소스케(濤川惣助), 나미카와 야스유키(並川靖之) 세 사람이 될 것이다.

가지 사타로는 그 생애에 수많은 상패를 획득했지만, 그 중에서도 메이지 33년(1900)에 열렸던 파리만국박람회에 가와사키(川崎) 칠보 공방에서 출품했던 높이 2m의 칠보 화병과 중량 430kg에 달하는 칠보 향로가 세계 최대의 칠보로서 절찬을 받고 파리박람회의 그랑프리를 수상했다. 이 작품은 현재 궁내청에 보존되어 있는데 전기 가마가 없었던 당시에 이만큼 거대한 칠보를 제작했다는 것이 경이롭다. 사타로는 많은 명품을 어머니 이마와 함께 제작했다고 알려져 있는데 다이쇼 10년(1911)에 병으로 죽는다.

나미카와 소스케는 고카(弘化) 4년(1847) 치바현(千葉縣) 쓰루마키무라(鶴巻村)에서 태어났다. 18세에 도쿄에서 장어요리집인 우나기야(鰻屋)에서 일하기도 하고 술집에서 일하기도 했다. 선천적으로 연구심이 왕성하고 호기심이 많았던 소스케는 메이지 10년(1877) 제1회 내국권업박람회(內國勸業博覽會)[1]에 진열된 칠보를 보고 놀라 곧바로 칠보에 사로잡혔다. 그가 열광하는 모습에 친척들은 어이없어 했다고 한다.

창업할 즈음의 그의 발자취는 잘 알려져 있지 않다. 처음에는 칠보 제작이 아니고 수출업무를 했던 것 같다. 가끔 오와리(尾張)의 칠보 공예가를 방문하여 그 기법을 배웠는데, 2~3년만에 칠보 기술을 습득했고 메이지 13년(1880)에 성선(省線) 칠보를 발명했다. 이것은 종래의 유선 칠보가 확실한 은선으로 구도를 결정해버리는 것이 성에 차지 않았던 소스케가,

후지산 그림 액자(富士山図額) • 나미카와 소스케(濤川惣助) 작품, 도쿄국립박물관 소장

한 번 붙였던 은선을 굽기 전에 뽑아버리는 방법을 생각해 낸 것이었다.

성선 칠보는 현재에도 원경(遠景)의 표현에 사용되고 있는데, 구름이나 먼 산을 바라보는 풍경에 있어서 그 부드러운 표현력이 효과적이다. 이후 공부에 공부를 더하여 이 성선 칠보에 열중하였고, 메이지 23년 제3회 권업박람회에 옛날 풍속화 그림 병풍(古畵寫張交屛風) 한 쌍을 출품해서 절찬을 받아 도쿄의 칠보 작가로서 유명하게 되었다. 그는 메이지 26년(1893) 시카고박람회에 1.5m²에 달하는 후지산(富士山)을 그린 액자를 출품해서 세계의 주목을 모았다. 천재 나미카와 소스케의 이름이 항간에 알려짐과 함께 칠보에서는 도저히 불가능이라고 생각되는 어려운 물건의 주문도 쇄도하게 되었다. 그 하나가 메이지 천황이 주문한 암수의 닭이다. 그것도 실물 그대로의 칠보를 만들라는 주문이었다.

화병과 같은 단순 입체와 달리 닭과 같은 복잡한 입체를 칠보로 제작한다는 것은 아마추어는 알 수 없는 기술상의 어려움이 산적해 있다. 용

꽃과 새 그림의 벽장식(花鳥図壁飾) • 나미카와 소스케(濤川惣助) 작품, 영빈관(迎賓館) 소장

접 하나 하려 해도 용접 후의 유약 올리기와 소성은 매우 어려운 기술이었다. 그러나 천황의 명령에 '할 수 없습니다' 라고 말할 수는 없다. 나미카와 소스케는 모든 일을 제쳐 두고 이 칠보 닭의 제작을 시작했다. 모델이 되는 근사한 닭의 탐색부터 시작해 그 밑그림 그리기에 거의 일 년이 걸렸다. 이 밑그림과 디자인을 당시 유명한 목공예가인 이시카와 코메이(石川光明)에게 의뢰해서 우선 목형(木型)을 제작했다. 이 목형을 금공 작가 히라우치 소노스케(平內惣之助)에 의뢰해 동으로 형태를 만들게 했다. 히라우치도 동의 두께를 균일하게 해야 한다는 소스케의 부탁을 받고 매우 난감해 했지만, 닭 모양의 칠보바탕에 몰두한지 꼭 2년 만에 드디어 완성했다. 소스케는 이 동 바탕에 칠보 입히기와 구워내기에 몰두하여, 4년의 세월을 보내고 드디어 완성시켰다. 지금도 궁내청에 보관되어 있는데, 그 고심과 노력을 엿볼 수 있다. 소스케는 내외에 명인으로 이름이 알려져 나미카와 야스유키와 나란히 제실기예원(帝室技藝員)에 선발됐는데

누각 산수 그림 향로(樓閣山水図香爐) • 나미카와 야스유키 작품, 도쿄국립박물관

국화 당초 문양 큰 병(菊唐草文大瓶) • 나미카와 야스유키 작품, 도쿄국립박물관

메이지 43년(1910)에 병으로 죽었다.

나미카와 소스케와 더불어 메이지 칠보의 2대 명인으로 불린 나미카와 야스유키는 고카(弘化) 2년(1845) 교토 야나기노반바(柳馬場)에서 태어났다. 후시미노미야(伏見宮) 집안을 섬기고 있었는데 어느 날 중국의 칭타이란을 보고 그 모방을 결심했다. 문자 그대로 궁에서 시중을 들던 몸이었던 야스유키는 연구 시간이 없어서 여가를 이용해 칠보를 공부했다.

그가 칠보 연구를 시작한 것은 메이지 7년(1874)의 일인데 4년만인 메이지 11년(1878)에 파리만국박람회에 출품할 수 있을 정도로 기량이 신장된 것은 역시 천재적인 인물이었기 때문이다. 그러나 틈을 내서 하는 것에는 아무리 해도 한계가 있어서 후시미노미야(伏見宮) 전하(殿下)에 간청해 일을 그만두었다. 이후 야스유키는 늘 교토 칠보의 선구자로서의 길을 걸어왔다.

나미카와 야스유키는 칠보 작가이면서 동시에 칠보 유약의 연구를 계속한 인물로 메이지 15년(1882)에는 흑색 투명 유약을 개발했다. 이 유약

작은 새 그림의 쟁반 • 나미카와 소스케(濤川惣助) 작품

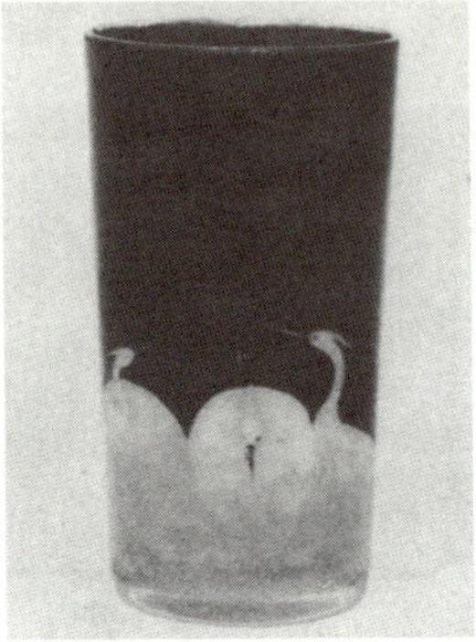

유리바탕의 유선칠보 • 쓰네카와 아이사부로(恒川愛三郎) 작품

의 발명에 의해 도예에는 없는 독특한 검은 표변을 표현하는 것이 가능하게 되었다. 이 투명 흑색 유약을 사용해서 제작한 것이 그 유명한 누각산수 그림 향로(樓閣山水図香爐)였다. 과연 교토다운 야경을 그린 이 칠보 향로는 칠보라고 하면 화려한 색채의 난무라고만 생각하고 있던 사람들을 놀라게 했다. 그만큼 훌륭한 흑색의 칠보였다.

나미카와 야스유키는 일본 고미술의 연구에 뜻을 두고 쇼소인(正倉院) 등에도 자주 다니며 고미술에 대한 이해를 깊게 했다. 이렇게 해서 일본의 고미술 중에서 살릴 수 있는 것을 현대에 재생시키고, 거기에 자기의 창의적인 디자인을 부여하는 것이 야스유키의 예술적 특징이었는데 이렇게 탄생한 것이 궁내청 소장의 사계절 꽃과 새 그림 화병(四季花鳥図花瓶)이었다.

이 작품은 흑색 바탕의 이점을 충분히 이용한 화병으로 유선(有線)의 멋진 작은 새나 꽃이 흑색 바탕에서 한층 더 빛나는 참으로 아름다운 작품이다. 그는 이 외에도 단풍과 국화 그림 화병(紅葉菊図花瓶)이라는 명품에서도 흑색 바탕을 활용했는데 이 작품은 현재 나미카와 야스유키 기념관에 있다.

물론 흑색 바탕이 아닌 칠보도 많이 만들었는데 그중에도 가라자키(唐崎)의 소나무 그림 접시(松図皿) 등은 풍속화풍의 도안을 교묘하게 살린 유니크한 작품이다. 나미카와 소스케의 작품, 예를 들면 작은 새 그림 쟁반(小鳥図盆) 등은 에도 전의 순수한 느낌을 주는 미술적 특징이 있는데, 나미카와 야스유키의 그것은 어디까지나 처음부터 끝까지 일본화적인 색채인 것이다.

야스유키가 칠보가로서의 명성이 높아진 것은 메이지 23년(1890)의 권업박람회에서 금상을 획득한 시점부터였다. 그리고 메이지 29년(1896) 제실기예원에 선임되었다. 쇼와 2년(1927)에 병으로 죽을 때까지 나미카와 야스유키가 받은 상패는 금 13개, 은 5개, 묘기상 3개이다. 게다가 외국에서도 금은 상패를 모두 6개나 받았다.

메이지 중기의 일본 칠보 작가 중에서 외국인에게 그 이름이 더 알려진 사람은 나미카와 야스유키였다. 그 이유는 미국의 동양 미술 연구가의 한 사람인 화이트 여사에 있다. 화이트 여사는 메이지시대에 일본에 왔는데, 마침 나미카와의 칠보를 보고 감격한 나머지 나미카와를 직접 만나서 인터뷰를 하기도 하고 교토의 칠보 공방을 방문해서 상세한 기록을 하기도 했다.

화이트 여사는 귀국 후 나미카와 야스유키를 주제로 한 연구서를 집필하여 출판했다. 이것이 구미에 널리 알려져 나미카와 야스유키의 이름이 갑자기 국제적이 된 것이었다.

메이지 26년(1893)에 나미카와가 출품한 시카고박람회의 칠보 화병은 3,600엔이라는 당시로서는 믿을 수 없는 가격에 판매되어 지금도 시카고미술관에 진열되어 있다고 한다. 나미카와 야스유키는 궁에 근무하는 중에 모모노이 에이쇼(桃井英升)에게서 칠보를 배웠는데 은사인 모모노이를 앞질러 칠보 작가로서 유명해졌다.

이와 같이 메이지 중·후기의 일본 칠보는 명실 공히 성대하게 되었는데 비판이 전혀 없었던 것은 아니다. 메이지의 공예는 기술 편중 주의의 경향이 강했는데, 칠보도 역시 그러한 경향이 강하여 기술상의 연찬에는 볼만한 것이 많이 있었지만 예술적인 창조성은 부족했다. 메이지 천황이 발주한 칠보 닭 같은 것은 이전의 미야가와 코잔(宮川香山)의 게 수반처럼 실물과 똑같은 것을 보여주는 물건이었지 근대적인 의미의 칠보 예술과는 거리가 멀었다.

기술이 우선이고 예술적인 창조성에 대한 관심은 적어서, 가지 사타로(梶佐太郎)의 제자인 쓰네카와 아이사부로(恒川愛三郎)가 유리 바탕에 칠보를 하는 기술을 발명한 것도 진기함을 추구하는 입장이었을 뿐이었다.

그런데 전혀 다른 각도에서 칠보가 번성하게 되었다. 막부가 데리고 있던 히라타 집안의 10대째 칠보사가 메이지 정부를 위해 칠보로 훈장을 제작하기 시작한 것이다.

1 내국권업박람회(內國勸業博覽會): 메이지기에 농업·공업 등의 산업을 장려하기 위한 식산흥업정책(殖產興業政策)의 일환으로 개최한 박람회. 1877년(메이지10)에 도쿄 우에노(上野)를 시작으로 1902년까지 총 5회 개최되었다.

제26장

훈장과 메탈 칠보

후지이 타쓰키치(藤井達吉) • 창작 칠보의 개조

메이지시대의 칠보는 호화로운 입체물의 칠보뿐만이 아니었다. 그 그림자에 가려져 있기는 했지만 실용적 칠보, 즉, 산업으로서의 칠보도 다시 폭넓게 전개되었던 것이다.

메이지 정부의 주요 정치는 크게 군제(軍制)와 학제(學制)였다. 메이지 5년(1872)부터 징병제가 시행되는 동시에 국민개교육(國民皆敎育)[1] 방침이 강력히 내세워졌다. 메이지 정부는 다른 나라들의 예를 참고하여 우선 군제에 표상 제도를 마련하고 훈장이라는 새로운 상징을 설정했다.

훈장은 금, 은, 동의 바탕에 보석과 칠보를 박아 넣은 것인데, 메이지 정부는 구미와 달리 금속바탕에 칠보로만 장식한 훈장을 만들게 되었다. 훈장을 만들려면 고도의 기술이 필요하기 때문에 정부는 막부가 데리고 있던 칠보사 가문의 히라타 집안에 협조를 타진했다.

당시 히라타 집안에는 초대 히라타 히코시로 도닌으로부터 10대째인 히라타 히코시로 하루유키(平田彦四郎春行)가 칠보를 제작하고 있었다. 오와리 칠보 같은 입체물이 아니고 니코 도쇼구의 칠보에서 본 것 같은 평면 상감 칠보였는데, 이미 막부 정치가 해체되어 무가의 수요가 없어져서 폐업 직전의 상태였다.

메이지 정부의 이야기로는 히라타 하루유키는 기뻐하며 쾌히 응답했다고 한다. 메이지 7년(1874) 12월의 일이었다. 아이러니하게도 하루유키가 제작한 칠보 훈장은 그 직후 메이지 10년(1877)에 일어난 세이난전쟁(西南戰爭)[2]에서 바로 유용하게 쓰였다.

이 히라타 하루유키가 제작한 칠보 훈장에는 히라타 집안 외에는 사용하지 않는 유약을 사용했다. 물론 투명과 불투명 유약 모두가 사용되

게이오(慶応) 3년 (1867)에 만들어진 일본 최초의 훈장

문화 훈장

금치 훈장(金鵄勳章)

었다. 저온에서 녹는 납 계통의 유약이었다고 한다. 그 후 하루유키는 후계자가 없어서 양자를 들였고 그 양자인 히라타 나리유키(平田就之)가 11대를 잇고 훈장을 제작하였다.

일종의 전쟁 산업이었던 훈장 칠보는 정부가 구입하는 것이고 세이난 전쟁, 청일전쟁, 러일전쟁 등 전쟁이 이어져서 이익이 보증되는 산업이었다. 나중에는 어떤 병사라도 훈장을 받을 수 있도록 각종 위계가 만들어졌지만, 당시는 귀중품이었으므로 상당한 공적을 세우지 않으면 받을 수 없었다. 최초에 만들어진 것은 욱일장(旭日章)[3]이었다.

메이지 23년(1890) 욱일장의 인기가 높아 정부는 금치훈장(金鵄勳章)[4]제도를 실시했고, 훈공(勳功)의 정도에 따라 공1급(功一級)부터 공7급(功七級)까지로 나누어 7종의 칠보제 금치훈장을 만들게 했다. 무공이 뛰어난 육·해군인이 이것을 받으면 종신연금을 받게 되어 있어서, 명예에 이익까지 더해지므로 더욱더 일본의 군국화가 진행되었다. 평화로운 미술품이었던 칠보가 대단한 역할을 맡게 된 것이었다.

쇼와 16년(1941) 대동아전쟁(大東亜戰爭)[5]을 개시하자 정부는 갑자기 법령을 발포해서 금치훈장에 의한 종신연금제를 폐지하고 일시금제도로 바꾸었다. 군인들 중에는 그래서 일본이 패한 것이라고 말을 하는 사람도 있었다고 한다.

처음에는 훈장의 바탕금속도 손으로 만드는 조금(彫金)으로 했는데, 훈장이 대량으로 발행됨에 따라 도저히 손으로 만들어서는 당해낼 수가 없었다. 그래서 독일에서 최신 금속 프레스기를 수입하여 형태를 찍어내는 방법으로 바탕금속을 제조하게 되었다.

이렇게 훈장 제조의 기술이 발달함에 따라 학교의 휘장(徽章)[6] 등도 칠보로 만들게 되어 도쿄, 나고야, 오사카 등을 중심으로 배지(badge) 칠보를 제조·판매하는 업자가 많아졌다. 후에 도쿄의 이시이 우메키치(石井楳吉)와 그의 아들 소노스케(惣之助)가 메탈 전용의 칠보 유약을 개발하는 데에 성공함으로써 칠보 배지는 급속히 일본 내에서 이용되게 되었다.

일본에서는 메탈(metal)과 메달(medal)이 혼용되어 혼란을 일으키게 되므로 용어를 정립해 보겠다. 금속 소지에 오목한 부분를 만들고 거기에 유약을 올려 소성시키는 경우의 훈장, 배지, 휘장, 마크(mark), 표식 등은 모두 이 책에서는 메탈(metal) 칠보로 호칭한다.

왜냐하면 medal(메달)이라는 영어는 일반적인 상패, 훈장, 기장을 의미하고 있어서 칠보제의 메달(medal)로 말하지 않으면 구별이 어렵다.

그에 반해 metal(메탈)이라는 영어는 금속 및 금속 세공을 의미하는 것뿐만 아니라 용해 유리도 의미한다. 금속과 유리의 융합체인 칠보로서는 메탈(metal) 칠보라는 호칭이 어울린다고 생각된다.

메탈 칠보의 보급은 이시이 부자(父子)의 메탈 유약 개발과, 바탕금속을 순동(純銅) 대신 단동(丹銅)으로 바꿔 사용한다는 두 개의 과학적인 혁명이 가져온 것이었다. 일본에서 예부터 단동이라는 것을 사용한 흔적은 전혀 기록되어 있지 않다.

가장 많은 것은 적동(赤銅)인데 이것은 순동에 금과 은을 섞어 만든 일본 독자적인 합금이다. 그리고 동탁이나 동 거울에 사용된 청동(bronze)은 동과 주석의 합금이다. 주석의 양을 많이 해서 거울로 만든 것이 백동(白銅)이다. 그 외에 황동(黃銅)도 사용했다. 황동이란 신추(眞鍮, 놋쇠)를 말하는데, 보통 동에 30% 정도의 아연을 혼합한 합금이다.

단동은 동에 5% 정도의 아연을 혼합한 일본만의 독자적인 합금이다. 그래서 황동과 성질이 같은 합금이지만, 황동이 딱딱하고 전성(展性)[7]이나 연성(延性)[8]이 부족한 데 비해 단동은 전성과 연성이 순동에 가깝고 부드러워서 가공성이 좋다. 게다가 신추는 유약과 분자결합하지 않고 팽창계수 관계로 아주 쉽게 떨어져 버리는 것에 비해서 단동은 거의 순동과 같을 정도로 유약과 밀착한다. 이렇게 뛰어난 성질 외에 단동에는 칠보에 맞는 성질이 있다. 순동은 붉은 기운이 강한 금속이기 때문에 반사휘도(反射輝度)가 강하다. 그 위에 적색 투명 유약을 소성시키면 탁하게 까맣게 되고 만다. 그 때문에 메이지시대의 메탈 칠보는 반드시 바탕 유약으로 백색 투명 유약을 사용했다.

그런데 단동의 개발로 메탈 칠보의 발색이 아주 좋아져서 메탈 칠보의 대량보급이 가능하였던 것이다.

게다가 메탈 유약의 발견이 대량 보급에 박차를 가했다. 오와리 칠보는 도로(泥) 칠보로 불렸던 시대부터 고온 유약을 사용하였고, 그것은 입체 칠보를 제작하는 경우 유약이 녹아서 움직이지 않게 하기 위한 처치이기도 했다. 일반적으로 칠보 유약은 규석 등의 산성 물질이 많으면 고온의 단단한 유약이 되고, 반대로 납이나 칼리 등 알카리성 물질이 많으면 저온의 부드러운 유약이 된다.

본(本) 칠보로 일컫는 입체 칠보용 유약은 녹아도 흘러내리지 않도록 규석분이 45% 전후 혼합되어 있다. 이에 비해 메탈 유약으로 개발된 새로운 유약은 납과 칼리의 분량이 50%를 초과하고 규석은 30% 전후로 낮다.

메탈 유약은 물처럼 흐르기 때문에 초기에는 스이유(水釉)로도 불렸다. 메탈 유약을 이용함으로써 얻을 수 있는 이익은 ① 저온 소성, ② 단시간 소성이며, ③ 유약층을 넓게 하는 것이 가능하고 연전성(延展性)이 좋으며 진한 유약이기 때문에 한 번에 좋은 색을 얻을 수 있다. ④ 그래서 양산(量産)에 유리하다 등이다.

특히 훈장은 금, 은처럼 낮은 온도에서 녹는 귀금속을 바탕금속으로 하기 때문에 유약은 가능한 저온성인 것이 좋고, 평면 상감 칠보이기 때문에 유동성이 좋은 쪽이 아주 잘 맞았다. 이렇게 메탈 유약의 발견에 따라 메탈 칠보가 전례가 없는 기세로 보급될 때 생각지도 못한 사건이 발생했다.

그때까지 훈장은 모두 히라타 집안의 칠보 회사가 하청을 주고 있었는데, 쇼와 초기에 일부 업자가 이 훈장을 마음대로 만들어 민간에게 부정 유출한 것이다. 이것이 역사상 유명한 매훈(賣勳) 사건의 발단이었다.

놀란 정부가 이를 계기로 훈장을 국영조폐국에서 제조하게 된 것이 쇼와 4년(1929)인데 이때 훈장 제조에 관계한 사람이 우에에다 히데오(上枝秀男)와 아이다 히로노리(會田裕宣) 등이었다. 그런데 이러한 오와리 칠보나 메탈 칠보와는 별도로 일본 칠보 제작의 대중화를 목표로 활약한 인물이 출현했다. 바로 후지이 타쓰키치(藤井達吉, 1881~1964)[9]이며, 그는 칠보 유행의 실질적인 선구자가 되었다.

1 국민개교육(國民皆教育): 6세부터 13세의 남녀는 학교에 가는 것을 의무로 한 것

2 세이난전쟁(西南戰爭): 메이지 10년(1877), 메이지유신의 지도적 정치가인 사이고 타카모리(西鄕隆盛)가 가고시마에서 일으킨 반란. 1870년대를 전후로 일본 정부에서 일어났던 조선 정복에 대한 주장(征韓論)에 패하고 귀향했던 사이고가 사학교를 결성하고, 사학생도들이 사이고를 옹호하여 거병했지만, 정부군에 진압되고, 사이고는 자결했다.

3 욱일장(旭日章): 일본 최초의 훈장, 훈1등부터 훈8등까지 8등급이 제정되었다.

4 금치훈장(金鵄勳章): 전공(戰功)이 특히 뛰어난 육군과 해군에 수여되는 훈장. 메이지 23년(1890)에 제정되었다가 쇼와 22년(1947)에 폐지되었다.

5 대동아전쟁(大東亞戰爭): 1941년부터 1945년까지 일본과 연합군 사이에 벌어진 '태평양 전쟁'을 일본에서 이르던 말

6 휘장(徽章): 신분이나 직무, 명예 따위를 나타내기 위해 옷이나 모자 등에 다는 표식

7 전성(展性): 두드리거나 압력을 가하면 펴지는 금속의 성질

8 연성(延性): 물체가 끊어지지 않고 가늘고 길게 늘어나는 성질

9 후지이 타쓰키치(藤井達吉, 1881~1964): 메이지~쇼와시대의 공예가. 아이치(愛知)현 출신으로 근대 공예의 혁신을 지향한 도안가이며, 전후(戰後)에는 아이치현 오하라무라(小原村)에서 일본 전통 종이 공예를 진흥시켰다. 2008에는 헤키난시(碧南市)에 후지이 타쓰키치현대미술관 (藤井達吉現代美術館)이 개관되었다.

1. 후지이 타쓰키치(藤井達吉)의 활약

후지이 타쓰키치는 메이지에서 쇼와시대에 걸쳐 칠보, 일본화, 도예, 금공, 대나무 공예, 종이 공예, 칠공예, 자수, 염색 등의 공예 전 분야에서 활약하여 일본 공예의 근대화에 큰 업적을 남겼다. 그는 메이지 14년(1881)에 아이치현에서 태어나 소학교를 졸업한 후, 나고야의 핫토리(服部) 칠보점에 입사하였다. 메이지 37년(1904)에 미국 세인트루이스만국박람회에 가서 보스톤미술관의 세계 여러 나라의 미술 작품들을 볼 기회를 갖게 되었다. 귀국한 그는 메이지 38년(1905)에 핫토리칠보점을 퇴직하고 상경하여 미술공예가로서의 길을 걷기 시작했다. 메이지에서 다이쇼에 걸친 시기의 일본 공예는 변혁을 외치면서도 아직 그 방향을 잡지 못한 혼란스러운 시기였는데, 후지이는 명확한 이론과 작품을 발표함으로써 공예가 나아가야 할 방향을 제시하였다. 당시의 공예는 기술적인 정교함만 강조하는 것이 일반적이었고 각자의 좁은 전문 분야 속에서 머무는 기술 편중의 세계였다. 그는 이러한 것에서 탈피하여 새로운 시대에 맞는 예술로 실생활과의 연관을 소중히 하고, 공예가의 미의식과 사상 등을 기초로 한 창작성을 추구하였다. 자유로운 발상과 새로운 예술의 창조를 위해 다양한 그룹을 만들거나 참가하여 유명한 화가, 조각가, 공예가와 친밀하게 교류하였다. 작품을 제작할 때에도 나무, 나전, 칠보,

아플리케, 자수 등을 자유롭게 이용하여 참신한 작품을 만들었다. 이러한 제작 방향은 당시 대단히 참신해서 일본 공예의 전환기에 중요한 역할을 했다. 그는 『주부의 벗』에 수예의 기초를 연재하기도 하고, 전람회에 공예부문을 넣기 위한 운동을 전개하여 다이쇼 12년(1923)에는 제국미술원(帝国美術院)에 미술공예부문 설치라는 형태로 결실을 맺었다. 쇼와 4년(1929)에는 현재의 무사시노(武蔵野)미술대학인 제국미술학교(帝国美術学校)가 설립될 때 도안공예과 교수가 되었다가 8년 후인 쇼와 12년(1937)에 사임하였다. 쇼와 28년(1953)에는 아이치현의 미술관 건설 계획을 알고, 자신의 작품과 소장품을 모두 기증하였다. 쇼와 39년(1964)에 아이치현 오카자키(岡崎)시에서 83세로 사망하였는데, 2008년에는 헤키난시(碧南市)에 후지이 타쓰키치현대미술관(藤井達吉現代美術館)이 개관되었다.

2. 일본의 칠보 보존과 관리

국가의 철저한 문화 유산 관리 체제와 개인 수집가들에 의해 칠보가 체계적으로 보존, 관리되고 있다. 고전 칠보나 유명한 작품을 볼 수 있는 곳을 소개하면 다음과 같다.

- 궁내청 영빈관, 가쓰라리큐(桂離宮), 슈가쿠인(修學院) 등의 황실 관련 유적지
- 도쿄(東京), 교토(京都), 나라(奈良), 규슈(九州) 등의 국립박물관과 각 현에서 관리하는 박물관이나 미술관
- 도다이지(東大寺)의 쇼소인(正倉院)을 비롯한 전국의 사찰이나, 니코(日光)의 도쇼구(東照宮)를 비롯한 여러 신사와 그에 부속된 미술관
- 마에다(前田)가(家)에서 수집하여 가문에서 보존되어 오던 것을 재단법인으로 관리하는 도쿄 메구로(目黑)의 공익재단법인 마에다육

덕회(前田育徳会)

- 교토의 공익재단법인 호소미(細見)미술관
- 교토의 나미카와 야스유키(並川靖之)칠보기념관
- 아이치현(愛知縣) 헤키난시(碧南市)의 후지이 타쓰키치(藤井達吉)현대미술관
- 교토의 교미즈산넨자카(清水三年坂)미술관

3. 현재의 일본 칠보

일본의 칠보는 모모야마시대에 후스마에 사용된 손잡이(引手)나 일본식 목조 건물의 단조로움에 장식적인 요소를 가미하는, 장식 금구인 구기카쿠시(釘隠) 등으로 제1차 융성기를 맞았고, 막부 말기에서 메이지시대에 걸쳐 제2차 융성기가 있었다. 그러다 1867년에 독일 화학자 바그너가 와서 투명 유약을 개발함으로써 근대 칠보로의 변혁기를 맞았다. 그 이후 후지이 타쓰키치의 공예의 대중화에 힘입어 칠보가 대중들에게 친숙해졌으나, 값싼 다른 액세서리와의 가격 경쟁에 밀려 칠보 공방들이 폐쇄되거나 축소되고 있는 실정이다. 현재 위키피디아 백과사전에 나와 있는 칠보의 지역 단위 조합은 다음과 같다.

- 현재 일본의 모든 훈장은 독립행정법인조폐국에서 만들고 있다.
- 교칠보협동조합(京七宝協同組合. 2007.2.2 결성): 가초와 히라타 도닌의 칠보 기술을 이어받고 교토에서 칠보를 제작·판매하는 조합원으로 구성되었다. 재료의 공동 구입과 공동 판매, 기술 향상을 위한 강습회, 조합원의 복리후생, 관련 단체와 교류 등 칠보의 발전을 위해 노력하고 있다. '히로미 아트', '나나사이공방(七彩工房)', '야마모토미술(山本美術)', '산공예(賛工芸)' 등이 참여하고 있다.

■ 도쿄칠보공업협동조합(東京七宝工業協同組合. 2002.1.25 결성): 히라타 도닌과 욱일장(旭日章)을 도쿄 칠보의 원조라고 생각하고 있다. 사카모리미술칠보공예점(坂森美術七宝工芸店) 외 두 곳 정도가 참여하고 있으며 도쿄도(東京都) 지정 전통 공예품을 납품하고 있다.

■ 싯포초칠보생산자협동조합(七宝町七宝生産者協同組合, 1995.4.5 결성): 오와리(尾張) 칠보라 하며 통산성(현 경제산업성)으로부터 '전통적 공예품'의 지정을 받은 계기로 칠보 산업 활성화를 위한 활동을 하고 있다. 발색의 기초가 되는 유약의 배합 조성은 업자에 따라 달라서 같은 색이라도 조금씩 색조에 개성이 있는데, 이러한 유약의 다채로움에 의해 오와리 칠보의 높은 품질이 유지되고 있다. 헤세 21년(2009) 기준으로 싯포초칠보생산자협동조합원과 나고야칠보협동조합원이 참여하고 있으며, 칠보생산자협동조합원들은 교대로 아트빌리지에서 실연, 체험 교실을 운영하고 있다. 안도칠보점을 비롯해 핫토리(服部)칠보점 등 10여 개의 칠보점이 참여하고 있다.

- 아마시(市)칠보아트빌리지(2004.10.1 오픈): 오와리 싯포초에 오픈된 후 19세기 말의 대표적 칠보의 하나인「화조문대화병(花鳥紋大花瓶)」이 귀향, 전시되어 있다. 칠보 실습방, 상설 작품 전시실, 오와리 칠보 역사 해설방, 칠보 마술방 등 오와리 칠보를 체계적으로 이해하고 즐길 수 있게 만들어 놓았다.

■ '일본전통공예회'의 한 분야로서 칠본 전문 작가들이 참여하고 있고, '일본칠보작가협회'를 결성하여 칠보 전시회, 국제 교류 등을 하고 있다.

■ 저자 모리 히데토의 주도로 1968년 10월 출간되기 시작한 월간지『칠보예술』은 2012년 12월로 휴간되었다. 여러 가지 이유가 있겠으나 일본의 칠보 인구가 감소하고 있음도 이유 중 하나일 것이다.

저자 후기

야키모노(燒物)의 문화사라고 하면 시작은 토기다. 토기를 굽는 기술이 대대로 이어지면서 인류는 점차 청동기(금속기)에 도달하게 되었다. 그리고 이 청동기 문화를 극복한 것이 도자기였다. 토기 문화가 직접적으로 도자기 문화에 연결되지 않은 것은, 토기 표면을 덮어씌우는 유약이 발견되지 않았기 때문이다. 유약을 일본인은 '우와구스리' 라고 불렀다. 바야흐로 이 '우와구스리'의 발견은 인류의 야키모노 문화에 일대 혁명을 가져오게 되었고, '우와구스리'의 발견이 없었다면 그저 보통의 토기가 이 정도까지 인류에 보급되는 일은 없었을 것이다.

이 '우와구스리 = 유약'이야말로, 유리(glass)와 칠보의 어머니이다. 유약의 발견은 이처럼 도자기, 유리, 칠보라고 하는 인간의 3대 야키모노 문화를 창조하는 단서가 되었던 것이다.

내가 이에 흥미를 갖게 된 계기는 수와(諏訪)의 고고학자인 고 후지모리 에이이치(藤森榮一)와의 만남과 때를 같이 한다. 가쓰사카시키(勝坂式, 간토(關東) 지방이나 주부(中部) 지방의 조몬시대 중기 전반의 토기 형식)토기의 그 웅장한 작풍은 일본 조몬시대 사람의 생활을 반영하고 있다. 그 생활에서 세계에 으뜸가는 그 동탁이 창조된 것이었다. 고 후지모리 에이이치와 나는 둘만의 연구회를 만들었는데, 얼마 후에 그는 그 성과를 『동탁(銅鐸) (학생사)』으로 완성했다. 나도 지지 않고 『묻혀있던 동탁 (기노쿠니야 서점)』을 출판해서 일본 청동기 문화에 최초의 접근을 시도했다.

그 무렵에 일본 고대 야키모노 역사를 연구해 보려는 학자, 연구자가 모여서 일본요업사연구회가 출범했다. 앞장 선 사람은 대화출판사의 오와 이와오(大和岩雄)인데 참가자 중에는 유리 역사의 요시미즈 쓰네오(由水常雄), 철 역사의 나이토 토시오(內藤敏夫), 청동기의 타니가와 켄이치(谷川健一) 등 쟁쟁한 사람들이 모두 모였고, 나도 그 일원으로서 참가해서 일본 야키모노 문화를 종합적으로 연구한다는 큰 방향으로 정열을 불살랐다.

같은 시기에 나는『동아시아의 고대문화』라는 사학(史學)잡지에「청동기 논쟁」이라는 장대한 논문을 발표했다. 이 논문은 요업화학의 입장에서 많은 고고학자의 즉흥적 생각만으로 이루어지고 있던 청동기 논쟁에 비판을 가했던 것이었다. 십 수 년에 걸친 나의 고대 요업의 연구 성과는 최근에 발행된『고대사 논쟁』이라는 책에 수록되어 있는데, 관심이 있는 독자는 읽어 보기 바란다.

야키모노 문화에 빠져버린 나는 그 즈음 우연히 만난 칠보에 깊은 흥미를 가졌다. 칠보 도검의 칼코등이(鐔) 등을 보면 마술이라고 밖에 말할 수 없도록 멋진 색채들의 난무였다. 배우고 싶어서 손수 구워 보았다. 그것에 몰두하다 보니 칠보 연구 잡지인『칠보예술』을 직접 발행하였고 벌써, 이로부터 15년의 세월이 지나가 버리고 말았다. 미라도굴꾼이 미라가 되다… 실로 그런 시간의 흐름이었다.

사실은 나는 동탁을 구워 보고 싶다는 야심을 품고 있었다. 그런데 거기에는 막대한 자본과 공장과 부지가 필요하다. 도쿄의 맨션에서 사는 나에게는 도저히 그런 야망은 실현할 수 없는 것이었다. 그런데 칠보는 맨션의 작은 집에서도 멋지게 구울 수 있다. 이러한 이점이 있는 야키모노는 칠보 외에는 없다.

지금 일본의 칠보 인구는 칠보를 본업으로 하는 사람을 제하고도 20

만 명 혹은 30만 명이라고 하는데 그 대부분이 가정주부이다. 지금은 일전(日展)이나 전통공예전에 전문가와 뒤섞여서 나란히 입선, 입상하고 있다. 거기서 나는 일본의 일만 년이나 옛날에 시작된 유구한 야키모노문화 역사의 성과를 인정하는 것이다.

본서는 월간잡지 『칠보예술』에 연재된 것에 새로운 자료를 모아 가필한 것인데, 궁내청 소장인 미공개 칠보 작품을 컬러로 소개할 수 있었던 것은 행운이었다.

또 본서는 칠보 역사를 다룬 역사서라는 성격에서 인명에 관해서는 일절 경칭을 생략했다. 글로서 그 실례를 사죄드리는 바이다.

또한 다음 분들로부터 자료의 제공을 받기도 하고 저서의 인용을 허락받기도 했다. 타니가와 켄이치(谷川健一)씨, 요시미즈 쓰네오(由水常雄)씨, 후야마 쿄시(布山潔)씨, 야스기 카즈오(八杉和夫)씨, 이나바 카쓰미(稻葉勝己)씨, 가와모토 마사이치(川本正一)씨, 그 외에 따뜻한 우정으로 나를 지지해준 많은 칠보 작가들에게도 사의를 표한다.

본서와 같은 수수한 연구서의 출판을 쾌히 허락하고 최선을 다해준 곤도(近藤)출판사의 곤도 야스타로(近藤安太郎)씨에게도 글로서 감사하는 바이다.

쇼와(昭和) 57년(1982) 2월
모리 히데토(森秀人)